职业教育·铁道运输类专业教材

TIELU KEYUN FUWU LIYI

铁路客运服务礼仪

| 第2版 |

石 瑛 主 编
郑学良 杜卫芳 副主编
于伯良 主 审

人民交通出版社股份有限公司
北 京

内 容 提 要

本书为职业教育铁道运输类专业教材。全书从基本礼仪常识出发，系统介绍了仪态、仪容与服饰、沟通等礼仪基本知识和规范，并结合旅客运输作业过程中车站服务和列车服务的标准要求，按业务流程、作业规范分别构建岗位工作情境，通过大量礼仪图片展示了铁路客运服务礼仪的内容。教材内容设计科学合理、逻辑严谨、梯度明晰，图文并茂、生动活泼、形式新颖，遵循标准、内容精练、结构合理，对提升学生理论知识与实践技能、提高职工个人修养与服务水平有所帮助。

本书可作为中、高等职业院校铁道交通运营管理专业的学历教育教材，也可作为铁路职工的岗前培训教材及参考资料。

本书配套 PPT 课件等丰富教学资源，任课教师可加入"职教铁路教学研讨群（QQ 群号：211163250）"获取。

图书在版编目(CIP)数据

铁路客运服务礼仪/石瑛主编. —2 版. —北京：人民交通出版社股份有限公司, 2024.1（2024.11 重印）
ISBN 978-7-114-18948-7

Ⅰ.①铁… Ⅱ.①石… Ⅲ.①铁路运输—旅客运输—礼仪 Ⅳ.①U293.3

中国国家版本馆 CIP 数据核字(2023)第 160316 号

书　　名：	铁路客运服务礼仪（第 2 版）
著 作 者：	石　瑛
责任编辑：	杨　思
责任校对：	孙国靖　卢　弦
责任印制：	张　凯
出版发行：	人民交通出版社股份有限公司
地　　址：	(100011)北京市朝阳区安定门外外馆斜街 3 号
网　　址：	http://www.ccpcl.com.cn
销售电话：	(010)85285911
总 经 销：	人民交通出版社股份有限公司发行部
经　　销：	各地新华书店
印　　刷：	北京印匠彩色印刷有限公司
开　　本：	787×1092　1/16
印　　张：	14.5
字　　数：	348 千
版　　次：	2016 年 5 月　第 1 版 2024 年 1 月　第 2 版
印　　次：	2024 年 11 月　第 2 版　第 2 次印刷　总第 12 次印刷
书　　号：	ISBN 978-7-114-18948-7
定　　价：	45.00 元

(有印刷、装订质量问题的图书，由本公司负责调换)

前言

【编写背景】

随着我国进入新的发展阶段,产业升级和经济结构调整不断加快,各行各业对高水平技术技能人才的需求越来越紧迫,职业教育的重要地位和作用越来越凸显。

党的二十大报告指出:教育、科技、人才是全面建设社会主义现代化国家的基础性、战略性支撑。必须坚持科技是第一生产力、人才是第一资源、创新是第一动力,深入实施科教兴国战略、人才强国战略、创新驱动发展战略,开辟发展新领域新赛道,不断塑造发展新动能新优势。

【编写理念】

办好人民满意的教育。教育是国之大计、党之大计。培养什么人、怎样培养人、为谁培养人是教育的根本问题。育人的根本在于立德,就是要全面贯彻党的教育方针,落实立德树人根本任务,培养德智体美劳全面发展的社会主义建设者和接班人。

办好教育,就是要坚持教育优先发展、科技自立自强、人才引领驱动,加快建设教育强国、科技强国、人才强国,坚持为党育人、为国育才,全面提高人才自主培养质量,着力造就拔尖创新人才,聚天下英才而用之。

办好教育,还要牢固树立新发展理念,服务建设现代化经济体系和实现更高质量、更充分就业需要,对接科技发展趋势和市场需求,以促进就业和适应产业发展需求为导向,着力培养高素质劳动者和技术技能人才。大幅提升新时代职业教育现代化水平,为促进经济社会发展和提高国家竞争力提供优质人才资源支撑。为服务现代制造业、现代服务业发展和职业教育现代化提供制度保障与人才支持。引领职业教育服务发展、促进就业创业。落实好立德树人根本任务,健全德技并修、工学结合的育人机制。推进职业教育高质量发展,培养大国工匠、能工巧匠。

【修订要点】

本次修订在第 1 版基础上更加注重融入课程思政,合理优化结构设计,重新梳理基本礼仪等内容,增加重点旅客服务礼仪的内容,尤其在重点旅客服务预约、手势语服务方面紧跟铁路运输需求,旨在丰富服务内容和提升服务质量。

【教材特色】

本书坚持正确的政治方向和价值导向。坚持马克思主义指导地位,将课程思政贯穿教材始终,体现民族优秀传统文化,体现人类文化知识积累和创新成果,全面落实课程思政要求,弘扬劳动光荣、技能宝贵、创造伟大的时代风尚。

全书遵循职业教育教学规律和技术技能人才成长规律与学生认知特点,体现先进职业教育理念,以真实生产案例为载体,阐述铁路企业发展的新规范、新标准,将知识、能力和正确价值观的培养有机结合,适应专业建设、课程建设、教学模式与方法改革创新等方面的需要,满足项目学习、案例学习、模块化学习等不同学习方式要求,有效激发学生学习兴趣和创新潜能。

铁路客运服务礼仪作为一种与旅客交往过程中所应具有的相互尊重、亲善友好的行为规范和艺术,是铁路优质服务的重要组成部分。广大铁路客运人员可以通过规范、优雅的服务礼仪,展示客运员工的外在美和内在修养,这更容易拉近与旅客的距离,提高旅客的满意度,提升铁路企业的社会形象。

【编写组织】

本书由南京铁道职业技术学院运输管理系石瑛担任主编,黑龙江交通职业技术学院郑学良、武汉铁路职业技术学院杜卫芳担任副主编,吉林铁道职业技术学院于伯良担任主审。有关章节的编写分工为:武汉铁路职业技术学院杜卫芳负责编写模块 1,天津铁道职业技术学院轩宏伟负责编写模块 2,南京铁道职业技术学院石瑛负责编写模块 3,黑龙江交通职业技术学院韩晶书负责编写模块 4,黑龙江交通职业技术学院郑学良负责编写模块 5,南京铁道职业技术学院石瑛、吉林铁道职业技术学院董国艳负责编写模块 6。参与编写的还有中国铁路广州局集团有限公司广州客运段马忠岩,负责企业相关资料及案例的收集。

【致谢】

本书在编写过程中得到了中国铁路哈尔滨局集团有限公司、沈阳局集团有限公司、北京局集团有限公司、广州局集团有限公司的大力支持,在此一并致谢。

由于行业发展迅速,编者水平有限,书中难免出现纰漏,恳请读者批评指正,以便于编写组修订时改正。

编　者

2023 年 10 月

目录

模块 1　概述 ⋯⋯⋯⋯⋯⋯⋯⋯⋯⋯⋯⋯⋯⋯⋯⋯⋯⋯⋯⋯⋯⋯⋯⋯⋯ 1

　单元 1.1　礼仪的含义、功能及作用 ⋯⋯⋯⋯⋯⋯⋯⋯⋯⋯⋯⋯⋯⋯ 2
　单元 1.2　礼仪的学科归属、特征及基本原则 ⋯⋯⋯⋯⋯⋯⋯⋯⋯⋯ 7
　单元 1.3　礼仪的内容与形式 ⋯⋯⋯⋯⋯⋯⋯⋯⋯⋯⋯⋯⋯⋯⋯⋯⋯ 15
　模块小结 ⋯⋯⋯⋯⋯⋯⋯⋯⋯⋯⋯⋯⋯⋯⋯⋯⋯⋯⋯⋯⋯⋯⋯⋯⋯ 20
　思考与练习 ⋯⋯⋯⋯⋯⋯⋯⋯⋯⋯⋯⋯⋯⋯⋯⋯⋯⋯⋯⋯⋯⋯⋯⋯ 20

模块 2　日常服务礼仪 ⋯⋯⋯⋯⋯⋯⋯⋯⋯⋯⋯⋯⋯⋯⋯⋯⋯⋯⋯ 21

　单元 2.1　仪容、仪态、仪表 ⋯⋯⋯⋯⋯⋯⋯⋯⋯⋯⋯⋯⋯⋯⋯⋯⋯ 22
　单元 2.2　妆容服饰礼仪 ⋯⋯⋯⋯⋯⋯⋯⋯⋯⋯⋯⋯⋯⋯⋯⋯⋯⋯⋯ 41
　单元 2.3　行走礼仪 ⋯⋯⋯⋯⋯⋯⋯⋯⋯⋯⋯⋯⋯⋯⋯⋯⋯⋯⋯⋯⋯ 70
　实训任务单 ⋯⋯⋯⋯⋯⋯⋯⋯⋯⋯⋯⋯⋯⋯⋯⋯⋯⋯⋯⋯⋯⋯⋯⋯ 76
　模块小结 ⋯⋯⋯⋯⋯⋯⋯⋯⋯⋯⋯⋯⋯⋯⋯⋯⋯⋯⋯⋯⋯⋯⋯⋯⋯ 78
　思考与练习 ⋯⋯⋯⋯⋯⋯⋯⋯⋯⋯⋯⋯⋯⋯⋯⋯⋯⋯⋯⋯⋯⋯⋯⋯ 78

模块 3　列车乘务服务礼仪 ⋯⋯⋯⋯⋯⋯⋯⋯⋯⋯⋯⋯⋯⋯⋯⋯⋯ 80

　单元 3.1　旅客列车服务概述 ⋯⋯⋯⋯⋯⋯⋯⋯⋯⋯⋯⋯⋯⋯⋯⋯⋯ 81
　单元 3.2　乘务礼仪程序及标准 ⋯⋯⋯⋯⋯⋯⋯⋯⋯⋯⋯⋯⋯⋯⋯⋯ 101
　单元 3.3　餐车礼仪 ⋯⋯⋯⋯⋯⋯⋯⋯⋯⋯⋯⋯⋯⋯⋯⋯⋯⋯⋯⋯⋯ 112

单元3.4 列车礼仪文化 ………………………………… 127
实训任务单 …………………………………………… 139
模块小结 ……………………………………………… 141
思考与练习 …………………………………………… 141

模块4 车站服务礼仪 ……………………………………… 143

单元4.1 车站客运服务礼仪概述 ……………………… 144
单元4.2 车站客运员服务礼仪程序及标准 …………… 147
单元4.3 主要岗位服务礼仪 …………………………… 151
实训任务单 …………………………………………… 159
模块小结 ……………………………………………… 161
思考与练习 …………………………………………… 161

模块5 重点旅客服务礼仪 ………………………………… 162

单元5.1 重点旅客服务礼仪概述 ……………………… 163
单元5.2 重点旅客服务礼仪的流程及预约 …………… 166
单元5.3 铁路旅客运输手势语服务 …………………… 177
实训任务单 …………………………………………… 187
模块小结 ……………………………………………… 189
思考与练习 …………………………………………… 189

模块6 突发事件应急处理 ………………………………… 192

单元6.1 突发事件概述 ………………………………… 193
单元6.2 突发事件处理组织体系和职责 ……………… 198
单元6.3 旅客列车突发事件应急作业 ………………… 205
实训任务单 …………………………………………… 217
模块小结 ……………………………………………… 219
思考与练习 …………………………………………… 219

附件 …………………………………………………………… 220

附件一 药品使用登记表 ……………………………… 220
附件二 药品发放登记表 ……………………………… 220
附件三 消防检查记录表 ……………………………… 221
附件四 乘务日志 ……………………………………… 221
附件五 班组乘务日志 ………………………………… 224
附件六 各类广播记录格式 …………………………… 224

参考文献 ……………………………………………………… 226

单元1.1　礼仪的含义、功能及作用
单元1.2　礼仪的学科归属、特征及基本原则
单元1.3　礼仪的内容与形式

模块1 概述

【模块导读】
　　人类的一切活动不仅受自然规律的影响和制约,也受社会规律以及由社会规律所决定的各种社会规范的影响和制约。而社会规范,除了道德规范和法律规范之外,还有一个很重要的部分,就是礼仪规范。礼仪是指人们在社会交往活动中形成的行为规范与准则,是礼节、礼貌、仪表、仪式等的总称。它是社会道德、习俗、信仰等方面人们行为的规范,是文明道德修养程度的一种外在表现形式。礼仪不是随便制定的,是通过约定俗成的程序、方式表现的律己、敬人的过程,涉及穿着、交往、沟通、情商等。铁路客运服务人员作为铁路部门对外窗口的"第一人""第一张脸""第一形象",其服务水平直接影响旅客对铁路客运服务的满意度,因此其礼仪文化的培养和锤炼至关重要。铁路客运服务人员不仅要做礼仪文化的代言人,还要成为礼仪文化的宣传员、播种机。

【建议课时】
　　6课时

【课前导学】

单元1.1　礼仪的含义、功能及作用

【知识目标】
1. 掌握礼仪的含义；
2. 了解礼仪的社会功能；
3. 掌握礼仪的各种作用。

【技能目标】
1. 能够依据礼仪的各种规范提高自身的礼仪素养，赢得旅客的认可；
2. 能够依据礼仪的各种规范更好地与旅客沟通，提供更优质的服务；
3. 能够担任起铁路企业对外形象的"第一人"。

【素质目标】
1. 培养良好的服务态度和服务意识；
2. 培养良好的礼仪修养，能够与旅客友善地沟通和交流。

单元1.1　礼仪的含义、功能及作用
单元1.2　礼仪的学科归属、特征及基本原则
单元1.3　礼仪的内容与形式

 思政园地1-1

按照周礼的规定，周天子每年秋冬之际会把第二年的历书颁给诸侯，诸侯把历书放在祖庙里，并按照历书规定每月初一来到祖庙，杀一只活羊祭庙，表示每月听政的开始，叫"告朔"。当时，社会风气已开始衰败，鲁国自文公起不再亲自到祖庙告祭，只是杀只羊应付一下。

《论语》中记载，子贡提出去掉"饩羊"的仪式，遭到了孔子的反对。在孔子看来，这一仪式代表了一种礼敬的精神，在人的诚恳心意很难激发起来的时候，只有具有象征性的东西才能维系得住。所以孔子说："你子贡爱这只羊，而我更重视这一仪式和它的精神内涵。"（见图1-1）

图1-1　《论语》中告朔之礼的相关内容

单元基础知识

一、礼仪的含义

礼仪是礼和仪的统称,是指在人际交往过程中,人们为了表示彼此尊重与友好而共同遵守的行为规范和准则。

礼仪是人们在平等互敬的基础上进行交往时用于规范行为、沟通思想、交流情感、促进了解的重要形式,是人的道德修养和文明程度的外在表现,是建立和谐有序社会的重要保障。具体来讲,礼仪是社会组织或个人在人际、社会乃至国际交往中,通过一定的约定俗成的程序、方式来表现的律己、敬人的行为规范。这种律己、敬人的行为规范,从个人修养的角度来看,是一个人内在素质和修养的外在表现;从道德的角度来看,是为人处世的行为规范和行为准则;从交际的角度来看,是一种交往的方法和技巧;从民俗的角度来看,是沿袭下来的待人接物的习惯做法;从审美的角度来看,是人的心灵美的外化。现代礼仪是通过礼貌、礼节、仪式体现出来的(见图 1-2),三者既相互联系又有各自特定的内容和要求。

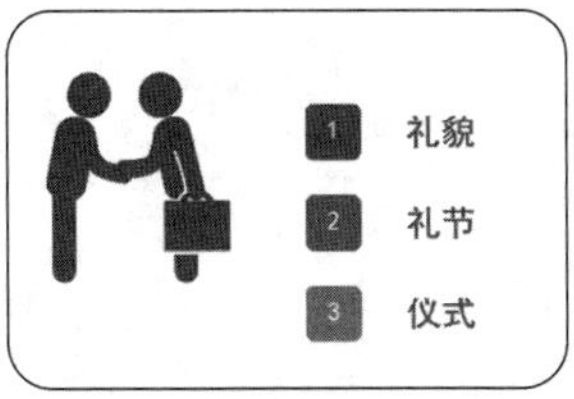

图 1-2 现代礼仪的基本体现

礼貌是礼仪的基础,主要是指在人际交往和社交过程中表现出来的敬意、友善和得体的气度与风范。通常所说的礼貌修养,主要表现为个人对仪表、仪容的适度修饰,较高的涵养,待人接物的彬彬有礼,言谈举止的端庄、优雅等。礼貌的思想核心和首要内容就是一种敬人的态度。例如,铁路运输企业客运人员在为客户服务时,要求"来有迎声,问有答声,走有送声";在服务中要求使用"请""您好""对不起""谢谢""再见"等文明用语。这些都是礼貌在服务过程中的体现。

礼节是礼仪的基本组成部分,是礼貌在语言、行为、仪态等方面的具体表现形式,主要是指在工作和交际场合中,相互表现出来的尊敬、祝颂、迎来、送往、问候、致意等各种惯用的规则和形式。礼貌与礼节是互为表里的关系。没有礼节,就无所谓礼貌;有了礼貌,则必然伴有相应的礼节。礼节的应用强调的是得体,即根据不同的交际对象和交际场合施以恰当的礼节。旅客运输行业礼节是铁路客运部门员工对交往、接待、服务的对象由衷表示尊敬、和善与友好的行为方式,如在为旅客提供服务的过程中对站姿、行姿、坐姿的要求。

模块 1 概述

仪式通常是指围绕一定主题所举行的具有某种专门规定的程序化行为规范的活动，场合一般较大且较隆重，以表示重视、尊重和敬意，如升旗仪式、开业典礼、庆祝典礼、迎宾仪式、签字仪式等。仪式是由一系列具体表现礼貌的礼节构成的。与仪式相比，礼节只是表示礼貌的一种做法，而仪式则是表示礼貌的系统完整的过程。

由此可见，礼貌、礼节、仪式三者是互相渗透、相辅相成的，但又有一定的区别。礼貌的核心是尊重他人的一种态度，从社会学的角度讲，是人的行为的一种道德规范，它决定一个人待人处世的基本行为倾向，较之礼节更为根本。但礼貌只是大致指出人的行为的方向和轮廓，并不具体规定和说明人的行为方式和方法。从这个角度来讲，礼貌还是比较抽象的。礼节则体现礼貌的行为细节。尊敬他人的态度要以相应的礼节配合才能体现出来，两者之间的关系实为内容与形式的关系。礼节是礼貌的外在表现形式，礼貌则是礼节实施的内容基础。礼貌与礼节的关系，正如古人所说的文与质的关系。仪式主要是作为一种集体性的社交活动形式来说的，在仪式中，对礼貌、礼节又有不同的要求。

二、礼仪的功能

当前，礼仪之所以被提倡，之所以受到社会各界的普遍重视，主要是因为它具有多重重要的功能，既有利于个人，又有利于社会。

1. 从个人角度讲

礼仪的功能首先在于提高人们的自身修养，使人们在社会中得到尊重。其次，礼仪可以增强个人的自信和魅力，促进人们的社会交往，改善人际关系，是个人社交的身份牌。

在人际交往中，如果不尊重他人，也就得不到他人的尊重。交往是生活、事业的一部分，没有良好的礼仪教养，事业很难成功，或者得不到应有程度的成功，生活质量可能也会大打折扣。礼仪是个人文化与道德修养的体现，与文化水平成正比，所以礼仪教养也是能力。礼仪教养是我们生活交往中不可缺少的润滑剂，是事业成功的敲门砖，是个人呈现给社会的名片。

2. 从社会角度讲

礼仪在社会中也发挥着不可缺少的功能。

（1）协调、维护社会秩序，体现和谐社会，展示社会文明。社会中有很多规范，它们发生作用的方式及渠道不同，但没有比礼仪规范更能渗透在生活的方方面面的。可以说，缺少礼仪规范的社会是不和谐、不稳定的社会。人人讲礼、习礼、用礼，有利于净化与提升社会风气，也是和谐社会的直接体现。

一个社会进步还是落后，文明还是野蛮，通过礼仪这个窗口就可见一斑。通常，越进步越文明的社会，就越讲究礼仪，社会成员的礼仪教养也越好。

（2）沟通情感、协调人际关系。礼仪对于协调人际关系、沟通人与人之间的情感非常重要。人与人之间和谐相处，更多的是需要讲求沟通、理解、合作。一位礼仪专家曾说："礼仪看上去有无数的清规戒律，但其根本目的却在于让世界成为充满生活乐趣的地方，使人们变得和蔼亲近。"总之，礼仪可看作人际交往的润滑剂和生活艺术。

三、礼仪的作用

1. 沟通作用

礼仪行为是一种信息性很强的行为，每一种礼仪行为都表达着一种甚至多种信息。只有按照礼仪的要求才能更有效地向交往对象表达自己的尊敬、敬佩、善意和友好，人际交往才能顺利进行和延续。热情的问候、友善的目光、亲切的微笑、文雅的谈吐、得体的举止等不仅能唤起人们沟通的欲望，使彼此建立起好感和信任，而且能促进交流的成效和交流范围的扩大，进而有助于事业的发展。

2. 协调作用

人是社会关系的总和。人际关系是人类社会极为重要的关系。由于受教育程度不同、成长环境各异，加上个性、职业、年龄、性别等方面的差异，人们的价值取向不同。在人际交往中，为了维护自身利益，就会发生不同程度的矛盾和冲突。这时，礼仪的原则和规范就会约束人们的动机，指导人们如何立身处世，从而很好地协调人与人之间的关系、人与社会的关系，使人们在相互理解、相互尊重的前提下友好相处，使社会生活井然有序。

3. 教育作用

礼仪作为一种社会规范，会影响和教育人们按照礼仪要求去做事，同时通过社会舆论纠正人们不良的行为习惯和失礼行为。人们对礼仪的孜孜以求会使社会形成良好的文明风气,进而会促进人们尊礼行礼。礼仪是宣示价值观、教化人民的有效方式。礼仪作为一种制度规范和价值载体,具有成风化人的教化功能。努力实现社会文明程度得到新提高的目标,需要积极推进礼仪教育,不断提升人民群众的文明素养,推动全社会形成适应新时代要求的思想观念、精神面貌、文明风尚、行为规范。

4. 塑造作用

礼仪讲究和谐,重视内在美和外在美的统一。礼仪在行为美学方面指导着人们不断地充实和完善自我,并潜移默化地熏陶着人们的心灵,使人们的谈吐变得越来越文明,举止仪态越来越优雅,打扮越来越富有个性,并符合大众的审美标准,体现出时代的特色和精神风貌。

5. 维护作用

礼仪作为社会行为规范,对人们的行为有很强的约束力。在维护社会秩序方面,礼仪起着法律所起不到的作用。社会的发展与稳定,家庭的和谐与安宁,邻里的和睦与友好,同事之间的信任与合作,都依赖于人们共同遵守礼仪的规范与要求。社会上讲礼仪的人越多,社会越会和谐稳定。

 思政园地1-2

克己复礼

孔子在早年的政治追求中,一直以恢复周礼为己任,并把克己复礼称为仁。颜渊向孔子询问什么是仁以及如何才能做到仁,孔子做出了"克己复礼为仁"的解释(图1-3)。

孔子要求的"克己复礼",就是要克制自己的欲望,规范自己的行为,使言语行动都合乎礼仪规范,即君子是需要用礼来约束自我的——修养仁德靠自己,不能依靠别人。

具体来讲,就是"非礼勿视,非礼勿听,非礼勿言,非礼勿动",不合乎礼的不看、不听、不说、不做,将视、听、言、动都归之于礼。"四勿"做到了,就可以慢慢靠着自己内心的力量,化被动为主动地走上实践礼的人生正路。

(参见《论语·颜渊》)

图1-3 孔子的"克己复礼为仁"

单元1.2 礼仪的学科归属、特征及基本原则

【知识目标】

1. 了解礼仪的学科归属问题；
2. 掌握礼仪的基本特征；
3. 掌握礼仪的基本原则。

【技能目标】

1. 能够在礼仪所属学科范围内借鉴更多理论知识；
2. 能够把握礼仪的各项特征，更好地学习礼仪相关知识；
3. 能够严格遵守礼仪的各项原则，更好地实施礼仪。

【素质目标】

1. 培养良好的服务态度和服务意识；
2. 培养良好的礼仪修养，善于与旅客沟通交流。

思政园地1-3

复兴传统拱手礼，传承优秀历史文化

自古以来，中国就有许多礼仪文化，并且流传至今。例如，一些肢体上的，像抱拳礼、拱手礼、叩手礼以及叉手礼等，其中比较常见的是拱手礼（见图1-4）。作为中国传统礼仪，拱手礼体现着中国人文精神，展示了中国人自谦而敬人的品格特质和文化自信。

图1-4 拱手礼

《论语·微子》记载，"子路拱而立"，子路对孔子所行的即拱手礼。拱手礼的正式称呼其实是揖礼。拱手礼的核心动作是"拱手"。东晋郭璞在《尔雅注疏·释诂下》中注曰："两手持为拱。"清代文字训诂学家段玉裁在《说文解字注·手部》中说："谓沓其手，右手在内，左手在外。男之吉拜尚左，女之吉拜尚右。凶拜反是。九拜必皆拱手。"

> 千百年来，拱手礼已被约定俗成地用于日常见面或约见朋友时，以拱手表示寒暄、打招呼、恭喜、祝贺、感谢之意。在逢年过节、拜年祝寿、典礼庆贺时，人们通常会拱手作揖。
>
> 生生不息的中华文明滋养着独具韵味的礼仪，影响着中国人的思想和行为方式，蕴含着中华民族非凡的气度和修养。直至今日，以礼待人依旧是我们处世的重要尺度。

单元基础知识

一、礼仪的学科归属

探讨礼仪的学科归属、特征以及应遵循的原则问题，实际上就是要求人们明确现代礼仪学究竟属于什么学科，它与别的学科相比究竟具有哪些特征，它的实施与执行应遵循什么原则。这正是我们学习和应用礼仪学必须解决的基本的理论问题。只有弄清楚了这些问题，我们才能在礼仪所属的学科范围内借鉴更多知识，把握好礼仪的突出特征，并在不断学习和实践中提高自身的礼仪知识水平，更好地实施礼仪。

中国作为人类文明的发源地之一，礼仪文化的历史十分悠久。从渊源上看，中国的"礼"先于"仪"产生，因此探讨礼仪的学科归属问题，必须从古代礼学研究开始。

在中国，礼学研究古已有之。有学者研究指出，中国古代的礼学可以划分为四类：礼经学、礼仪学、礼论、泛礼学。礼仪的研究对象是礼经，即《周礼》《仪礼》《礼记》以及其他儒家经典中记载的礼，属于经学的范畴。"礼仪学"的侧重点在于"仪"，包括仪制撰作和仪制研究。仪制私撰无论是官修（代表作如《大唐开元礼》《政和五礼新仪》《大明集礼》《大清通礼》等），还是私撰（代表作如司马光《书仪》、朱熹《家礼》、黄佐《泰泉乡礼》等），主观意图都是借此确立仪制的规范，指导现实生活中的礼仪活动。仪制研究意在搜辑考订，对于烦琐的名物、制度、礼节或述或考，或明其沿革，或究其礼意，并不图用于实践。"礼论"是对礼的本质、价值、功能和历史作用等问题进行理论性的论证和阐述（如载录于《论语》和《礼记》诸篇的孔子的礼学思想，基本就属于礼论；荀子的礼学思想，可谓典型的礼论）。礼论常散见于经、史、子、集各种著作及篇章之中,不似礼经学、礼仪学等专著。"泛礼学"即泛化的礼学,是对"礼"这一古代中国几乎无所不包的社会生活总规范影响渗透到制度、器物、行为、观念心态等各个层面的研究,如称谓尊谦、姓氏等级、避讳习俗等就曾经是一门不可或缺的"礼"学。

值得注意的是,礼经学、礼仪学、礼论以及泛礼学这四者之间的划分不是绝对的,它们有时会交错杂糅地并存。例如,朱熹的礼学思想,就包括礼经学、礼仪学、礼论三方面的内容。《仪礼经传通解》就具有礼经学和礼仪学的双重特点。因此,人们在研究中国古代礼学史时,通常将礼经学研究视为狭义的礼学,把以泛礼学为基础和集合礼经学、礼仪学、礼论三类礼学的研究扩展为广义的礼学。

当前,我们所学习的现代礼仪学,由于其研究对象涵盖了礼仪的渊源与概念、特性与构成、功能与作用、规律与原则、规范与技巧等内容,因此,它实际上是超越了古代礼仪学的研究范围,并在扬弃古代广义礼学的基础上,将礼仪的理论探讨与实践检验有机结合的一门新兴的人文应用学科。

二、礼仪的特征

礼仪具有普遍性、差异性、实践性、传承性、发展性和规范性等特征。

(一)普遍性

礼仪是调整社会成员在社会生活中的相互关系的行为准则,是全人类共同需要的。它可以跨越国界,不分国家、地区、民族,不论年龄、性别、贫富,只要存在交往活动,人们就需要通过礼仪来沟通和表达情感。

礼仪无处不有,无处不在。它运用于各种场合、各个领域。大到国家的政治、经济、文化,小到个人的衣、食、住、行;无论是城市乡村,还是企业机关;不论是干部群众,还是集体个人;不管是国家大事,还是家庭琐事;不论场合大小、人数多少,只要有人际交往活动,就需要人们遵守约束行为的礼仪规范。

礼仪的普遍性还反映在它的丰富多样性上,它与每个人都有密切的联系,涉及个体学习、生活、工作等不同的方面。

(二)差异性

礼仪是各个国家、地区、民族的人们在社会交往中,受到历史传统、民族文化、宗教信仰、风俗习惯、时代潮流等因素的影响而形成的,所以不同的国家、地区等的礼仪存在着差异。

同一礼仪在不同的国家、地域,意义可能大相径庭。例如,点头礼,在大多数国家用点头表示"是""同意",但是在保加利亚等国家,"点头不算摇头算";再如,向上伸出大拇指,其余四指相握的手势,在中国、日本、斯里兰卡、法国等国家,都有不同的含义。

在不同的场合、针对不同对象,同一种礼仪也会有不同的表现形式。例如,同样是握手,新老朋友之间、男士与女士之间、长辈与小辈之间是有区别的;再如,打招呼,在不同的区域、不同的民族也不尽相同。

不同的行业、不同的职业、不同的场合也有不同的礼仪要求,如校园礼仪、商务礼仪、宾馆礼仪、办公礼仪、生产礼仪、求职礼仪、谈判礼仪、就餐礼仪等。

差异性是礼仪的重要特征,所以,礼仪必须与其实施礼仪的时间、场所和对象相适宜,否则就会造成适得其反的结果。对此,《礼记·曲礼上》曰"入竟而问禁,入国而问俗,入门而问讳",强调的就是实施礼仪的时候要考虑礼仪的差异性。

(三)实践性

礼仪是一门实践性很强的行为科学,它不同于纯粹的理论演绎、逻辑抽象和概念探讨,是理论与实践紧密结合的产物。它源于社会实践,直接服务于社会实践。礼仪应用于交际场合,是人类进行交往和应酬的实践活动。

礼仪活动注重一切从实际出发,拒绝夸夸其谈,坚持实事求是。其原则和规范简单易懂,便于理解操作,其方式、方法仔细周详。"言之有物""行之有礼",便于贯彻落实。因此,对于学习者来说,遵守礼仪的基本原则,制定简便易行的操作方案并加以实践是至关重要的;否则,只学不练就丧失了礼仪的实践性,达不到学习礼仪的目的。

(四)传承性

我们今天在人际交往中的一切礼仪,都是人类在长期共同生活中逐渐积累而形成的。在历史长河中,人们在人际交往中把习惯、规则沿袭传承固定下来,形成了礼仪的规范,礼仪具有极强的继承性。虽然随着社会的进步和人类文明的发展,礼仪的某些内容和形式会改变,增添一些博采众长的时尚元素,但基本内容和形式会保存和承袭下来。

中国是礼仪之邦,礼仪充分反映了中华民族的文明水平、道德风貌。

(五)发展性

礼仪规范是随着社会的不断发展而变化的。首先,由于礼仪本身就是人类文明的产物,需要随着社会的进步不断完善和发展。其次,礼仪作为上层建筑,必然在经济基础发生变化时随之变化。礼仪随着时代的要求、人们生活习俗的改变而变化,是极其自然的事情。

一方面,随着历史的发展,一个时期被公认的礼仪规范,有的被肯定、继承,有的被否定、摈弃。同时,一些符合历史发展和时代特征的新内容又会被补充吸纳,不断推陈出新。另一方面,随着国与国之间的交往,对外文化交流的扩大,经济全球化和信息化时代的到来,各国、各地区、各民族之间的交往日益密切,各自的礼仪也会互相渗透、互相影响、互相取长补短,并使之在传承历史的基础上不断地被注入新的内涵。

(六)规范性

礼仪的规范性是指人们在交际场合待人接物时必须遵守的行为规范。这种规范性不仅约束着人们在一切交际场合的言谈话语、行为举止,使之合乎礼仪;而且是人们在一切交际场合必须采用的一种"通用语言",是衡量他人,判断自己是否自律、敬人的一种尺度。

三、礼仪的基本原则

现代礼仪应该遵循平等、尊重、真诚、守信、适度、自律的原则。

(一)平等

在现代礼仪中,平等原则是基础,是最重要的。所谓平等就是指以礼待人,礼尚往来,既不盛气凌人,也不卑躬屈膝。它要求人们在人际交往中对任何交往对象都一视同仁,不论对方在年龄、性别、种族、文化、职业、身份、财富等方面与自己有何不同,也不论对方与自己的关系如何,都不能厚此薄彼、区别对待。

从心理学的角度看,人都有友爱和受人尊重的心理要求。人人都渴望平等，成为家庭和社会中真正的一员。任何抬高和贬低自己的语言和行为都不利于建立和谐的人际关系。平等原则要求我们在处理人际关系时，尤其是在服务工作中，对服务对象要满腔热情、一视同仁，决不能有任何看客施礼的行为，更不能以貌取人。应本着"来者都是客"的真诚态度，以优质服务取得宾客的信任，使他们乘兴而来，满意而归。

> **不卑不亢　平等适度**
>
> 某一日，一名国内非常有名且受人欢迎的演员乘坐高铁回老家。该列车的列车员小丽在为该演员服务时，没有利用职务之便不时打招呼，要求合影或签名，时刻关注他的动态，而是在引领他入座后，询问其是否有什么其他需要后就忙自己的业务，为其他旅客服务去了。
>
> 小丽坚守自己的本职工作，为每一名旅客提供贴心的服务，并没有因为身份的不同而对旅客区别对待。铁路客运人员应该像小丽一样热情地为每一名旅客提供服务。

思政园地 1-4

（二）尊重

在现代礼仪中，尊重原则是指在礼仪行为实施的过程中要体现出对他人真诚的尊重，而不能蔑视他人。礼仪本身从内容到形式都是尊重他人的具体体现。在交往中，任何不尊重他人的言行都会引来他人的反感，更不会赢得他人对自己的尊重。心理学认为，人们对尊重的需要分为两类，即自尊和来自他人的尊重。自尊包括对获得信心、能力、本领、成就、独立和自由的愿望，来自他人的尊重包括威望、承认、接受、关心、赏识等。自尊往往是人们容易做到的，但要获得来自他人的尊重，就要首先学会尊重他人。尊重他人是礼仪的重要原则。与人交往，不论对方的地位高低、身份如何、相貌怎样，都要尊重他的人格，使他感到自己是受欢迎的，从而得到一种心理上的满足，进而心情愉悦。

在人际交往中如何做才是尊重别人呢？第一，要热情、真诚。热情的态度会使人产生受重视、受尊重的感觉。相反，对人冷若冰霜会伤害别人。当然，热情要有度，如果过分热情，就会使人感到虚伪、缺乏诚意。第二，要换位思考。每个人都有自尊心，失去自尊心对一个人来说是件非常痛苦的事。伤害别人的自尊是严重的失礼行为。维护自尊,希望得到他人的尊重,是人的基本需要。第三,允许他人表达思想,表现自己。当他人和自己的意见不同时,不要把自己的意见强加给对方。当和与自己性格不同的人交往时,也应尊重对方的人格和自由。

(三) 真诚

真诚是一个人外在行为与内在道德的有机统一。在社交生活中,用礼仪表达对他人的尊敬,必须出于真诚,表里如一,不能虚情假意、口是心非。因此,在社交活动中,施礼者与受礼者双方都应真诚相待。一位作家在他的文集中提及一句话:"诚实是人能保持的最为高尚的品性。"交往双方只有彼此真诚相待,才能体现自己的文明素质,创造良好的交往氛围,增进了解和感情。

(四) 守信

守信是真诚的外在表现,在社交活动中要讲真话,遵守诺言,实践诺言。诚为本,信为用,以诚为本,才能谈得上有信用和信誉。在现代人际交往中,各领域工作者都需要讲信用。企业家讲质量诚信、服务者讲服务诚信,管理者讲管理诚信,教育者讲教育诚信。言必信,行必果。承诺是一种沉重的付出,对待任何已经做出的承诺都应该竭尽全力地去做到。因此,如果实在无法帮助别人做到一些事情,应该学会拒绝,并掌握好拒绝的技巧。

(五) 适度

在社会交往中,需要准确把握在特定的环境和时间里与特定对象的感情尺度,在礼仪方面要善于体现理性。为什么在社会交往的感情运行之中要提及理性的学问呢?有学者曾说,"人的精神由三部分构成:智力、理性和热情。其他动物也具备智力和热情,理性只有人类才有……理性不灭"。

适度与理性,就是要注意施礼与受礼双方在时间、环境、身份以及双方关系的亲密程度上相适应。例如,在与人交往时,既要彬彬有礼,又不能低三下四;既要热情大方,又不能轻浮谄媚;要自尊,不要自负;要坦诚,不能粗鲁;要信任人,但不要轻信;要活泼,但不能轻浮。这是因为凡事过犹不及,假如过了头,或者不到位,都不能正确地表达自己自律、尊敬他人之意。当然,要真正做到恰到好处、恰如其分,需要勤学多练,积极实践。

(六)自律

礼仪作为行为的规范、处世的准则,反映了人们共同的利益。每个人都有责任、义务去维护它、遵守它。各种类型的人际交往都应当自觉遵守现代社会早已达成共识的道德规范,如社会公德、守时重信、真诚友善、谦虚随和等。在人际交往中,交往双方都希望得到对方的尊重,在这种情况下,我们应该首先检查自己的行为是否符合礼仪规范的要求,主动做到严于律己、宽以待人,"得理也让人"。只有这样才能在人际交往中塑造自身的良好形象,掌握交往的主动权,得到别人的尊重。

单元 1.1 礼仪的含义、功能及作用
单元 1.2 礼仪的学科归属、特征及基本原则
单元 1.3 礼仪的内容与形式

单元1.3 礼仪的内容与形式

【知识目标】
1. 掌握礼仪的内容；
2. 熟悉礼仪的形式分类。

【技能目标】
1. 能够清楚礼仪实施时的各项基本要素；
2. 能够根据不同性质的交往区分各种礼仪。

【素质目标】
1. 培养良好的服务态度和服务意识；
2. 培养良好的礼仪修养，能够与旅客友善地沟通和交流。

思政园地 1-5

五彩中国结　编织服务情

据人民铁道网报道，在中老铁路列车上，蓝色中国结代表清新、宁静，表示乘坐有老年旅客；黄色中国结代表温暖、快乐，表示乘坐有幼儿旅客；绿色中国结代表健康、和平，表示乘坐有生病旅客；紫色中国结代表希望、深沉，表示乘坐有残疾旅客；红色中国结代表活力、未来，表示乘坐有孕妇旅客。列车员会在有需要的旅客席位旁挂上中国结，其他列车员巡视车厢看见这个标记时也会多留意旅客的状态，主动询问需求（见图1-5）。

图 1-5　五彩中国结

对于单独乘车的残障旅客，班组会发放呼叫器，只要旅客按下呼叫器上的按钮，列车长就会第一时间收到求助，安排人员赶到座席前做好服务工作。在残障旅客需要就餐或者上洗手间的时候，列车员还会根据情况提供帮助，确保其人身安全。

不同列车上，五种颜色的中国结所代表的旅客类型不同，而关爱却是一脉相承的。

单元基础知识

一、礼仪的内容

通常，人们在实施礼仪行为和礼仪活动的时候，肯定有某种意愿需要表达，而表达这些无形的东西所应具备的基本要素就是礼仪的内容。根据礼仪内容所选定的诉诸人们感官的物理表现，则是礼仪的形式。礼仪的内容和形式统一于礼仪的实践活动之中，并相互作用，共同推进礼仪活动朝着既定的目标顺利进行。

（一）依据礼仪构成的基本要素分类

依据礼仪构成的基本要素分，礼仪的内容有礼仪的主体、礼仪的客体、礼仪的媒体和礼仪的环境几个方面。

1. 礼仪的主体

礼仪的主体指的是礼仪活动的操作者和实施者。

礼仪的主体既可以是个人，也可以是组织，甚至是国家。当礼仪活动规模较小、较为简单时，其主体通常是个人。例如，车站工作人员办理交接时行举手礼（见图1-6），那么车站工作人员就是"行礼"这个礼仪行为的主体。当礼仪活动规模较大、较为复杂时，其主体通常是组织，甚至国家。例如，在中国农历兔年春节期间，多位外国政要通过各种形式，向中国和中国人民送上新春祝福，希望在新的一年里同中国加强合作，共创美好未来。这些外国政要代表的政府、国家就是"祝贺"这一礼仪行为的主体。没有礼仪主体，礼仪活动就不可能进行，礼仪也就无从谈起。

图1-6　车站工作人员行举手礼

2. 礼仪的客体

礼仪的客体又称礼仪的对象，它指的是礼仪活动的指向者和承受者。

从外延上讲，它可以是人，也可以是物；可以是物质的，也可以是精神的；可以是具体的，也可以是抽象的；可以是有形的，也可以是无形的。当铁路客运服务人员因列车晚点向旅客鞠躬致歉时，旅客就是礼仪的客体。没有礼仪的客体，礼仪就失去了对象，就不能称为礼仪。礼仪的客体与礼仪的主体既对立又依存，而且在一定条件下相互转化。所以，礼仪的主体与礼仪的客体之间的关系不是一成不变的。很多时候，随着礼仪过程的转换，主体和客体的地位也会发生变化。例如，铁路员工使用礼貌用语接待旅客，铁路职工是礼仪的主体,旅客是礼仪的客体;如果旅客也用礼貌语言回应铁路职工,则旅客是礼仪的主体,铁路职工是礼仪的客体。为了建立、维护和发展更融洽的人际关系,往往需要人们自觉地、主动地、及时地促成这种转换和变化。

3. 礼仪的媒体

礼仪的媒体指的是礼仪活动所依托的一定的媒介。

任何礼仪都必须使用礼仪媒体,不使用礼仪媒体的礼仪不可能存在。现实生活中,礼仪媒体是多种多样、千变万化的,为了更好地运用它,我们必须找出其中最主要的几种类型加以认识和把握。大量的礼仪实践说明,生活中的人、物、事在一定的环境条件下都可以作为礼仪媒体发挥作用。所以我们可以将礼仪媒体划分为人体礼仪媒体、物体礼仪媒体、事体礼仪媒体三大基本类型。在具体操作礼仪时,这些不同的礼仪媒体往往是交叉、配合使用的。

(1) 人体礼仪媒体,是指通过人体自身来传达礼仪信息的媒体,如讲究敬语相待、文书规整、手势准确、体态优雅、表情自然等言谈举止礼仪。

(2) 物体礼仪媒体,是指通过各种物体的各种状态来传达礼仪信息的媒体,如讲究鲜花寓意、物品形态、礼品特色等的馈赠礼仪。

(3) 事体礼仪媒体,是指通过各种有关的事体来传达礼仪信息的媒体,如讲究谈判的艺术、迎宾规格、诚实守信、宣传适度等的商务礼仪。

任何形式的礼仪行为和礼仪活动都不可能凭空进行,必须依托一定的媒介或媒体来实现礼仪内容和形式的统一。

4. 礼仪的环境

礼仪的环境指的是礼仪活动得以进行的特定的时空条件。

大体说来,它可以分为礼仪的自然环境(如天气情况、地理位置、自然灾害等)与礼仪的社会环境(如世事变迁、战争胜负、风俗更易、人际关系等)。礼仪环境不论怎样变化,都体现于时间和空间的变化之中,随着时间和空间的不断变化,礼仪环境也相应地有所改变,并经常对礼仪的实施起着制约的作用,主要表现为以下两个方面:

(1) 实施何种礼仪要由礼仪环境决定。这一点是指具体的礼仪环境(时空场合)总是千差万别、千变万化的,一般的礼仪规范不可能也没有必要对每一种特定时空条件下的礼仪都规定得整齐划一。因此,我们必须根据礼仪环境的变化去适应和遵从各种不同的礼俗。

（2）具体礼仪如何实施也要由礼仪环境决定。这主要是指礼仪类型确定后，要根据礼仪环境对实施礼仪的规模大小、程序繁简、规格高低等做通盘考虑和妥善处置。

（二）依据礼仪的适用对象、适用范围分类

依据礼仪的适用对象、适用范围，礼仪大致有以下几种：

（1）政务礼仪，也称国家公务员礼仪，指的是国家公务员在执行国家公务时所应当遵守的礼仪。

（2）商务礼仪，主要指公司、企业的从业人员以及其他一切从事经济活动的人士，在经济往来中所应当遵守的礼仪。

（3）服务礼仪，指的是各类服务行业的从业人员在自己的工作岗位上所应当遵守的礼仪。

（4）社交礼仪，也称交际礼仪，指的是社会各界人士在一般性的交际应酬之中所应当遵守的礼仪。

（5）涉外礼仪，也称国家礼仪，指的是人们在国际交往中，在同外国人打交道时所应当遵守的礼仪。

其中，政务礼仪、商务礼仪、服务礼仪主要是按照行业划分的，并且是人们在工作岗位上所应遵守的，故可称为行业礼仪或职业礼仪。而社交礼仪、涉外礼仪的划分则主要以交往范围为依据，所以两者均可以交往礼仪相称。

二、礼仪的形式

礼仪既然是社会交往中表示尊重和友好的行为规范，那么人们交往的时候就一定有礼仪。人们的社会交往行为是复杂多样的，为了便于认识与学习，我们可以根据不同形式的交往区分各种礼仪。如果根据行业的不同，可以分为铁路客运礼仪、航空客运礼仪、医院礼仪、学校礼仪、酒店礼仪等；如果从交往的形式来看，可以分为欢迎礼仪、交谈礼仪、宴请礼仪、送客礼仪等；如果从行为主体来分，又可以分为个人礼仪、家庭礼仪、团体礼仪等。

不同的社会交往要求不同种类的礼仪形式，不同形式的礼仪行为不能相互混淆，也不能不顾自身的特点照搬一般的礼仪。例如，同样是服务行业，酒店服务与铁路客运服务在服务过程中有很大差异，有的餐车照搬酒店服务员端托盘的方法培训餐车服务人员，实际上忽略了铁路客运服务自身的特点，显得不伦不类。

具体而言，家庭生活类礼仪应当包括一切与生老病死相

关的礼仪,如出生礼、成年礼以及婚丧礼仪;社会交往类礼仪应该包括往来迎送诸礼仪;职业工作类礼仪包括求、辞职礼,与各类同事相处礼等;政治生活类礼仪包括与开会、选举、谈判、外交、军队等相关的礼仪等。

有些礼仪需要一定的载体,包括礼具、礼所、礼人,如在特定的场合要穿特定的服装,特定的礼仪必须在特定的地点举行,需要特定的人来主持等,这些都属于礼仪的形式。

三、礼仪内容与礼仪形式的关系

礼仪内容和礼仪形式作为矛盾的两个方面,相互依存,统一于礼仪或礼仪媒体之中,它们之间的关系主要表现在以下两个方面。

(一)礼仪内容与礼仪形式之间的关系通常是主从关系

礼仪内容和礼仪形式作为矛盾的两个方面,虽然在礼仪或礼仪的媒体中都是不可缺少的,但是它们的地位却不是完全一样的。

通常,礼仪内容是矛盾的主要方面,处于决定地位;而礼仪形式是矛盾的次要方面,处于服从地位。礼仪内容决定礼仪形式,礼仪形式服从礼仪内容。对于礼仪内容与礼仪形式之间的这一主从关系,孔子早就有了比较清晰的认识。《礼记·檀弓上》中,孔子的学生子路回忆孔子曾说,丧礼,与其哀不足而礼有余也,不若礼不足而哀有余也。祭礼,与其敬不足而礼有余也,不若礼不足而敬有余也。意思是说,举行丧礼,与其悲哀不足而送葬的礼物有余,不如礼物不足而悲哀有余。举行祭礼,与其敬意不足而祭祀的礼物有余,不如礼物不足而敬意有余。在这里,悲哀和敬意是丧礼和祭礼这两种礼仪所要表达的精神和情感,属于礼仪的内容;而送葬的礼物和祭礼的礼物则是这些精神和情感的表现方式或物理体现,属于礼仪的外在形式。孔子的意思实际上就是:与其礼仪的内容不足而礼仪形式有余,不如礼仪形式不足而礼仪内容有余。可见,以礼仪内容为主的思想是非常明确的。

(二)礼仪内容和礼仪形式在一定条件下可以互相转化

礼仪内容和礼仪形式的主、次地位也不是绝对不变的。在一定条件下,这两个方面又是可以互相转化的,礼仪形式这个处于服从地位的次要方面,也可以成为处于决定地位的主要方面。礼仪行为或活动过程中一旦出现这种情况,就应该采取适当的办法及时进行调整,以避免出现礼仪失误。

综上可见,礼仪是礼仪内容和礼仪形式的矛盾统一体,而矛盾的双方又是可以在一定条件下互相转化的,这就是事物发展的辩证法。因此,我们要在礼仪实践中创造条件,促进矛盾的转化朝着有利于实现礼仪目标的方向发展。

模块小结

本模块主要介绍了礼仪的基本概念与主要内容,包括:对礼仪的含义进行了介绍;讲解了礼仪的基本功能与作用,使学习者了解学习礼仪、掌握礼仪实施技巧的意义;详细介绍了礼仪的学科归属以及礼仪的一些基本特征和实施原则,使学习者能够更好地去学习、掌握礼仪知识;描述了礼仪的内容与形式,分析了它们之间的相互关系。

思考与练习

一、填空题

1. 现代礼仪是通过_____、_____、_____体现出来的,三者既相互联系又有各自特定的内容和要求。

2. 礼仪具有_____、_____、_____、_____作用。

3. 礼仪具有_____、_____、_____、_____和_____等特征。

4. 现代礼仪应该遵循_____、_____、_____、_____、_____的原则。

二、判断题

1. 礼仪是礼和仪的统称,是指在人际交往过程中,人们为了表示尊重与友好而共同遵守的行为规范和准则。(　　)

2. 在现代礼仪中,平等原则是基础,是最重要的。(　　)

3. 礼仪本身从内容到形式都是尊重他人的具体体现。(　　)

4. 礼仪内容决定礼仪形式,礼仪形式服从礼仪内容。(　　)

三、讨论题

1. 礼仪的含义是什么?

2. 礼仪的功能有哪些?

3. 现代礼仪学的研究对象和特征是什么?

4. 礼仪内容主要是由哪些要素构成的?

单元 2.1　仪容、仪态、仪表
单元 2.2　妆容服饰礼仪
单元 2.3　行走礼仪

模块2 日常服务礼仪

【模块导读】

　　仪容、仪态、仪表包括人的容貌、姿态、举止、风度、衣着、修饰等方面,都是指人们的外表,只是分别有所侧重。仪容指的是人的容貌长相;仪态则多指人的姿态,指人在行为中的姿态和举止;仪表是人的外表的综合,是人举止风度的外在体现。风度是指举止行为、待人接物时,一个人的德才学识等各方面的内在修养的外在表现。风度是构成仪表的核心要素。在社会交往中,注重仪容、仪态、仪表,不仅可以展示我们良好的形象、精神和修养,也是尊重交往对象的重要表现。中国有"文质彬彬,然后君子"的古训,由此可见,仪容、仪态、仪表是个人涵养的外在表现,不仅能满足他人的审美需要,而且能使他人求尊重的心理得到满足。

【建议课时】

　　14 课时

【课前导学】

单元 2.1 仪容、仪态、仪表

单元 2.1 仪容、仪态、仪表
单元 2.2 妆容服饰礼仪
单元 2.3 行走礼仪

【知识目标】
1. 熟悉女士、男士仪容修饰的方法；
2. 熟悉仪态美及仪态美的基本要求；
3. 了解仪表美及仪表美的基本要求。

【技能目标】
1. 能够根据自身特点修饰自己的仪容；
2. 能够展现站、坐、蹲、表情等仪态美；
3. 能够展现仪表美。

【素质目标】
1. 具有良好的服务意识；
2. 养成良好的仪容、仪态、仪表习惯；
3. 具有较高的服务水准，善于与旅客沟通。

 思政园地 2-1

展现时代精神文明　做中国高铁的新名片

作为新入职的乘务员，面对职业生涯中的首个春运，2022年2月15日凌晨4时10分，在中国铁路郑州局集团有限公司郑州东高铁行车公寓里，丁飞燕、尚梦涵和廉梦艳已经开始洗漱、化妆，整理仪容。

作为郑州客运段高铁一队的新晋乘务员，入路半年来，除去岗前集中培训，她们真正走上工作岗位的时间还不到4个月。

"3个月来虽然累惨了，但非常充实，我也学到了很多！节前那几天最让我印象深刻，能把思乡心切、渴望与家人团聚的旅客安全送到目的地，我觉得自己做了件特别有意义的事。看着他们因为回家而掩盖不住的喜悦，我也更加明白了家的意义。"廉梦艳回忆着。

丁飞燕、尚梦涵和廉梦艳值乘的路线和范围各有不同，工作侧重点也自然不同。廉梦艳主要值乘省内线路，车程短但跨区域流动的客流比例较高；尚梦涵主要值乘北京方向线路，进京列车相关安全工作需要多加注意；丁飞燕值乘北京至银川的线路，车程长、站点多，还需要在异地过夜，一个班往返下来需要近40个小时，对体力和耐力是个不小的考验。

用尚梦涵自己的话来形容,想成为一名优秀的高铁乘务员,要精通"十八般武艺"——查票验票、线路情况、急救常识、消防应急、外语、手语、形体礼仪……除了要熟练掌握业务技能,还要不断丰富自己的内涵阅历,培养超强的观察能力和耐心,再加上充沛的体力,这样才能从容不迫地服务旅客,解决旅行途中出现的问题。

很多像丁飞燕、尚梦涵和廉梦艳一样的"00 后"铁路新人,放弃与家人团聚的机会,和师哥师姐们一起义无反顾地投入到铁路运输工作中,把万千旅客平安送达目的地。为这些年轻自信的新生力量点赞。

图 2-1 为新入职的乘务员丁飞燕、尚梦涵和廉梦艳!

图 2-1　新入职的乘务员丁飞燕、尚梦涵和廉梦艳

(摘编自《人民铁道》)

单元基础知识

一、女士仪容

客运服务人员应充分关注自己的仪容,自觉维护和修饰形象,把最好的一面展现在旅客面前。一般来讲,女士仪容主要包括发型(头发养护)与美容两方面。

(一) 发型

在当今社会,发型可以更全面地表现一个人的道德修养、审美水准、知识结构及行为规范。人们可以通过某人的发型推断其职业、身份、所受教育程度、生活状况及卫生习惯,甚至可以感受出其是否身心健康和对生活事业的态度,所以发型对于女士的仪容是非常重要的。女士树立与众不同的自我,首先应该"从头做起"。

1. 了解自己的头发

头发的基本成分是蛋白质,每根头发平均每月可长1cm,头发的平均寿命为4~5年,之后便会自行脱落,每人每天要脱落几十根至100根头发,新头发也会相继长出来。正常头发,皮脂分泌正常,有光泽,有弹性;油脂性头发,皮脂分泌过多,头的表皮及毛发均有黏糊之感;干性头发,由于皮脂分泌过少,没有光泽,有干松之感。可以认为:头发的性质与皮肤的性质相同,面部皮脂属于干性的人,头发也是干性的。头发的软硬,可以从烫发后头发是否容易保持卷性较好来断定,较硬的头发保持卷性较好,软发则不然。

2. 头发的保养

(1)洗发。

一般来说,中性头皮的人,冬天可隔4~5天、夏天可隔3~4天洗一次;油性头皮或干性头皮的人,要分别缩短或延长1~2天。夏季每天洗发基本没什么问题,要注意的是必须选用性质温和的洗发水,如含有氨基酸、蛋白质等活性剂的洗发水。

洗发前应先将头发梳顺。用温水洗发,水温在37~38℃最适宜,过烫的水容易使头发受损伤,变得松脆易折断;而水温过低,去油腻的效果又不好。洗发水应选择适合自己发质的,一般微酸性者较佳。洗发时,将洗发水按摩至起泡后再涂在头发上,不要直接倒在头上。不要大力用指甲抓头皮,应用指腹按摩头皮。要确保彻底冲洗干净洗发水,不然会伤害发质。洗发后冲水花的时间应是洗发的两倍,若洗发水中的碱性成分残留在头皮和头发上,会损伤头发,使头发分叉,产生头皮屑等。

(2)梳发及按摩。

梳发,是不可缺少的保持发型的日常修整方法之一。梳发可以去掉头皮及头发上的浮皮和脏物,并给头皮以适度的刺激,促进血液循环,使头发柔软而有光泽。使用的梳子应从实用的角度选择。正确的梳拢办法是:首先要梳开散乱的毛梢,慢慢再旋转着梳拢。用力要均匀,如用力过猛会刺伤头皮。先从前额的发际向后梳,再沿发际从后向前梳。然后,从左、右耳的上部分别向各自相反的方向进行梳理,最后让头发向头的四周披散开来。

按摩头皮能刺激毛细血管与毛囊,并对油性和干性皮肤有治疗功效。按摩时,两手的手指张开,用手指在头皮上轻轻揉动。按照头皮血液自然流向心脏的方向,按前额、发际、两鬓、头颈、头后部发际的顺序进行。按摩可以促进油脂分泌,因此,按摩时,油性头皮用力要轻些,干性头皮用力可稍重些。

(3) 不同发质的护理。

干性发质:除了遗传因素,干枯的头发是长时间缺乏护理和化学品残留造成的。当然,精神压力、内分泌的变化以及饮食的平衡与否等也会对发质产生或多或少的影响。选用一种配方特别温和的完全不含或只含少量洗涤剂但却能有效地补充水分的洗发水是很重要的。洗发无须过于频繁,不要忘记使用护发素。为防止发丝内的水分流失,应尽量避免使用电吹风以及其他电动卷发器具。如果必须使用,最好事先在头发上涂一层护发品。饮食方面,适当多吃新鲜果蔬无疑对身体大有好处。身体健康者的头发有足够的养分可摄取,自然柔亮可人。

油性发质:皮脂腺分泌过多的天然油脂,是形成油性发质的根本原因。要改善这种情况,需要选择性质温和的洗发水,并经常清洗头发。强力的洗发水不但于头发无益,反会令油脂分泌更加旺盛。由于头皮已能分泌足够的油脂,护发素只要涂在距离发根数寸的发梢上即可。油性发质比较适合染发,因为染发剂或多或少地会令头发变得干燥,而较多的油脂正好可以起到中和作用。

纤细发质:如果头发过于纤细柔软,应该寻找一种能渗入发茎的洗发水,使头发充盈起来。美发造型时,最好使用能营造丰厚发型的喷雾产品。染发也颇适合这种类型的头发,因为染发会让发茎逐渐膨胀,由此产生更强的质感。

3. 发型的选择

(1) 发质与发型。

不同的发质适合不同的发型。女士选中了适合自己发质的发型以后,就可以配合理发师使自己更美丽。

自然的卷发:利用自然的卷发,能做出各种漂亮的发型。这种发质如果将头发减短,卷曲度就不太明显,而留长发能显示出其自然的卷曲美。

伏贴的头发:这种发质的特点是头发不多不少,非常伏贴,只要能巧妙修剪,就能使发根的线条以极美的形态表现出来。这种发质的人,最好将头发剪短,前面和旁边的头发可以按自己的爱好梳理,而后面则一定要用能显示出发根线条美的设计,这才是理想的发型。修剪时,最好能将发根稍微打薄一点,使颈部若隐若现,这样能给人以清新明媚之感。

细软的头发:这种发质的人应该留长发,将其梳成发髻才是最理想的发型,因为这样不但梳起来容易,也比较持久。通常这种发质缺乏质感,可以辅之以假发。如果发髻梳在头顶上,适合正式场合;梳在脑后,是家居式;而梳在后颈上,则显得高贵典雅。

直硬的头发:这种发质要想做出各种各样的发型是不容易的。在做发型以前,最好能用油性烫发剂将头发稍微烫一下,使头发能略带波浪,稍显蓬松。在卷发时最好能用大号发卷,看起来比较自然。由于这种头发很容易修剪得整齐,所以设计发型时最好以修剪技巧为主,同时尽量避免复杂的花样,采用比较简单而且高雅大方的发型。

柔软的头发:这种发质比较容易整理,不论想做哪一种发型都非常方便。由于柔软的头发比较伏贴,因此俏丽的短发比较适合,能充分表现出个性美。

(2)脸型与发型。

①方脸:方脸的特点是棱角突出、下巴稍宽,显得个性倔强,缺乏温柔感。因此,在选择发型时,宜掩盖太突出的棱角感,使脸部看上去长一些,增加柔和感。可以利用波浪形增加脸部的温柔感。宜将前额和头顶的头发上扬,露出部分额头,但切忌全部露出。方脸的人在留额发时,宜遮掩额部的两角,额发要有倾斜感,使方中见圆。头发的两侧可选择卷曲的波浪发型,以改善方脸的形状。还可利用卷曲的长发部分遮住下颌两侧,转化太宽的下颌线条。

②三角脸:三角脸的特征是上窄下宽,所以在选择发型时应平衡上下宽度,可用波浪形发卷增加上部的分量,也可用头发掩饰较为丰满的下部。不宜将额发向上梳,以免暴露额头太窄的缺陷。分缝可采用中分或侧分。耳旁以下的发式不应再加重分量,也不宜选择双颊两侧贴紧的发型。

③倒三角脸:倒三角脸与三角脸恰好相反,可以选择掩饰上部、增宽下部的发型。发型要设计大量蓬松的发卷,并遮掩部分前额。具体选择时,最忌选往上梳的高头型,这样只会突出细小的下巴,使整个脸部更不平衡。可运用颌部线条之美,使耳边的头发产生分量,并显出额角,令脸部变得丰满一些。

这样的脸型不应选择直的短发和长发等自然款式,这样会使窄小的颌部更加单调。刘海可留得美观大方而不全部垂下。面颊旁的头发要梳得蓬松,这样可显得发量很多,以遮掩较宽的上部。

④椭圆脸:椭圆脸是东方女性理想的脸型,拥有这种脸型的人梳什么样的发型都不会难看。不过,如果选择中分、左右均衡的发型,更能体现娴静、端庄的美感。

（3）发型与服装。

①与西装相适应的发型：无论直发还是烫发都要梳理得端庄、艳丽、大方，不要过于蓬松，并且可以在头发上适当抹点油，使之有光泽。

②与礼服相适应的发型：着礼服时，可将头发挽在颈后，结低发髻，显得庄重、高雅。

③与运动衫相适应的发型：可将头发自然披散，给人以活泼、潇洒的感觉，如将长发高束，或将长发编成长辫，可增加柔美的情调。

④与皮制服装相适应的发型：可选披肩发、盘发、梳辫子等，增添风采。

⑤与连衣裙相适应的发型：如果是外露较多的连衣裙，可选披发或束发；如果是 V 字领连衣裙，可选盘发。

（4）发型与体型。

①高瘦型。该种体型的人容易给人细长、单薄、头部小的感觉。要弥补这些不足，发型要生动饱满，避免将头发梳得紧贴头皮或将头发搞得过分蓬松，造成头重脚轻。一般来说，高瘦身材的人比较适宜留直发。应避免将头发削剪得太短薄或高盘于头顶。头发长至下巴与锁骨之间较理想，且要使头发显得厚实、有分量。

②矮小型。个子矮小的人给人一种小巧玲珑的感觉，在发型选择上要与此特点相适应。发型应以秀气、精致为主，避免粗犷、蓬松，否则会使头部与整个形体的比例失调，让人产生大头小身体的感觉。身材矮小者也不适宜留长发，因为长发会使头显得大，破坏人体比例的协调。盘头可使人有身材增高的错觉。

③高大型。该体型给人一种力量美，但对女性来说，缺少苗条、纤细的美感。为适当减弱这种高大感，发型应以大方、简洁为好。一般以直发为好。头发不要太蓬松。总的原则是简洁、明快，线条流畅。

④短胖型。该体型的人可选择运动式发型，此外应考虑弥补缺陷。短胖者一般脖子显短，因此不要留披肩长发，尽可能让头发向高处发展，显露脖子，以增加身体高度感。头发应避免过于蓬松或过宽。

（二）美容

1. 肌肤的基本护理

（1）面部的清洁。

清洁面部可以祛除新陈代谢产生的物质、化妆品等残留

物,也可以清洁肌肤。清洁面部时应注意以下几点:

①使用洗面奶的方法:将洗面奶放在手上揉搓起泡,泡沫越细越不会刺激肌肤,泡沫揉搓至奶油般细腻为最佳,应让无数泡沫在肌肤上移动以吸取污垢,而不是用手去搓揉。

②从皮脂分泌较多的 T 字区(额头和鼻子)开始清洗。额头中心部皮脂特别发达,要仔细清洗。手指不要过分用力,应轻轻地由内朝外画圆圈,滑动清洗。

③用指尖轻柔仔细地清洗皮脂腺分泌旺盛的鼻翼及鼻梁两侧,这一部分洗不干净将导致脱妆及肌肤出现油光。

④鼻子下方容易长青春痘,须仔细洗净多余的皮脂,用无名指轻轻画轮廓,既不会刺激肌肤又可完全去除污垢。

⑤清洗嘴巴四周时以按摩手法从内朝外轻柔描画圆弧状。

⑥下巴和 T 区容易长青春痘及粉刺,清洁面部时应由内朝外不断画圈,使污垢浮上表面。

⑦面积较大的脸颊部位需要特别仔细地关照。清洗面颊的诀窍是,不要用指尖接触肌肤,而要用指腹充分接触脸颊的皮肤,以起到按摩清洁的作用。清洁面部的重要技巧是不要太用力,以免给肌肤带来不必要的负担。

⑧清洁面部时要记得洗到脖子部位,下巴底部、耳下等也要仔细洗净。粉底霜要彻底去除,粉底霜没有去除干净将给肌肤带来各种困扰。

⑨冲洗时用流水(水龙头不关)充分地去除泡沫,冲洗次数要适度。在较冷的季节,需使用温水,以免毛细孔紧闭而影响清洗效果。

⑩清洁面部后用毛巾擦拭脸上的水分时,不可用力揉搓,以免伤害肌肤。正确使用毛巾的方法是将毛巾轻贴在脸颊上,让毛巾自然吸干水分。

(2)面部营养的补充。

通过卸妆及洗脸去除污垢后,便是补充随污垢一起流失的水分、油脂、角质层内的天然保湿因子(Natural Moisturizing Factor,NMF)等物质,使肌肤恢复原来的状态,化妆水和乳液对此有所帮助。

化妆水的任务是补充水分,它的首要职责是补充清洁面部时失去的水分,用充足的水分紧缩肌肤,使它变得柔软,随后乳液才容易渗入。

用化妆水充分补充清洁面部时所失去的水分后,再用乳液补足水分、油分,这点相当重要。乳液有水分、油分、保湿成分等肌肤必需的成分,而且这三种成分调配得比较均匀,是每日保养肌肤不可缺少的产品，它的主要目的是恢复肌肤的柔软性，并为接下来的化妆做好准备。

除了化妆水与乳液，面霜也是一种护肤的佳品。面霜的目的是在肌肤渗入含有水分的保湿剂后，制造油分保护膜，使肌肤继续保持湿润。因此，一般认为面霜是替皮脂分泌少的干性皮肤补充人工皮脂膜，但它对天然皮脂膜十分充裕的油性皮肤也是不无益处的。

2. 肌肤的特殊护理

（1）按摩。

按摩最大的效果是提高新陈代谢，加强血液循环。因为夏天强烈的紫外线及户外空气与冷气房间的温差所引起的生理机能下降，会引起肤色暗沉、肌肤干燥等问题。因此，按摩是有效的保养方法。要使化妆品充分融合，按摩也是较适度的手段。

有些人认为按摩是产生皱纹的主要因素，其实这是过度按摩对肌肤造成的负担。利用毛细孔张开、皮肤柔软的沐浴时间，在 3～5min 内边放松心情边按摩，将不会给肌肤带来任何负作用。按摩的诀窍是手肘尽量伸展，手平行地朝内拉回，指尖不要太用力，手指横向移动，能防止肌肤产生皱纹。手指由下到上、自内向外轻轻触摸，以逆时针方向做螺旋状动作。整个手掌推压皮肤，对深部皮肤施压，可加强血液循环。

（2）化妆品皮炎护理。

由于皮肤接触化妆品而发生的皮肤炎症反应，称为化妆品皮炎。其症状轻重不一，轻者只见潮红或丘疹，按上去微热；重者可引起明显的红斑、水疱；严重者会出现红肿，甚至形成糜烂、浅溃疡，愈后留下色素或短痕。由于一般化妆品中的成分对一些皮肤较敏感的人有刺激作用，一些长期使用化妆品的人便会发生化妆品皮炎。例如，染发剂中的苯二胺、镍，唇膏、眼影、胭脂中的香料，脱毛剂中的硫化物，用于戏剧化妆的油彩，以及绿色、深红色颜料等均可引起化妆品皮炎。

一旦得了化妆品皮炎，若面部有明显的红肿和流水，可先用清水冲洗干净，再以 3% 浓度的硼酸水做湿敷，并可涂一些氧化锌油剂，也可在短期内服用强的松片和抗过敏药物。

在预防上，凡疑有化妆品过敏的人，可做皮肤敏感试验，即将化妆品取少许涂在手部较柔嫩处，待两小时后观察涂抹处有无发红、发痒的现象。如确属过敏，应更换其他化妆品或在化妆前用凡士林打底，并均匀地涂抹一层薄薄的皮肤防护剂，以减轻过敏症状。卸妆时，可用精制的石蜡油。过敏较严重的人，最好避免再次接触致病的化妆品。

二、男士仪容

注重仪容也是男士提升外在气质的手段之一。那么,男士需要注意哪些仪容问题?一般来说,男士应注意以下八个方面的问题。

1. 身上有异味要经常清理

男士的汗腺比较发达,出汗后身上会产生一些酸败味,这样会使人"敬而远之"。所以,大汗刚过的男士如有可能应换上干净的衣服,还可在腋下、胸前等易出汗的部位涂一点儿止汗香剂。吸烟的男士最好在与人交谈时停止吸烟,注意不要过近地与人面对面谈话,吸烟后最好能嚼点儿口香糖等能去除烟味的食物。有的男士是汗脚,所以,应注意保持鞋的清洁,皮鞋最好有两双以上,换着穿。有口腔异味的人,应养成一日刷三次牙的习惯,如一段时间之后仍有口腔异味,应去看医生。

2. 胡须、头发常清理

男士的头发和胡须很容易影响自身的美观,油腻脏乱的头发对精神面貌有很大的负面影响。男士在出门前、上岗前、摘下帽子时、下班回家时、其他必要时都要自觉梳理头发,保持头发的整齐。通常留短发最好,后不过领,侧不过耳;不留怪异发型,不建议留中分。男士胡须清洁要彻底,这样看上去更显干净整洁。

3. 别让脸上总是过于油腻

有的男士的脸比较容易油腻,且易生出粉刺,因此要特别注重面部的清洁。不妨选用男性洗面奶及吸油面纸等,每日早晚各清洁一次,这样既清洁又护肤。

4. 衣装不要太随便

男士的服装要注意细节和搭配,特别是颜色和款式的搭配,既要符合大众审美,又要恰当体现个性风采。

5. 鼻部的修饰

早晚特别是经过较长时间在外奔波时,更要注意清洁鼻子内外,起码不要让人看到"乌溜溜"的鼻孔。有鼻液更要及时用手帕或纸巾擦干净。不应当众用手去擤鼻涕、挖鼻孔、乱弹或乱抹鼻垢,更不要用力"哧溜、哧溜"地往回吸,那样既不卫生又会令人不适。要在没有人的地方清理鼻部,用手帕或纸巾辅助进行,还应避免搞得响声太大,用完的纸巾要自觉地放到垃圾箱里。平时还要注意经常修剪鼻毛,不要让它在外面"显露",也不要当众揪拔自己的鼻毛。

6. 眼部的修饰

眼部是被人注意最多的地方,所以时刻要注意眼部的清洁,避免眼屎遗留在眼角,并让眼睛能够得到足够的休息。有些男士喜欢戴墨镜。墨镜主要适合在外活动时佩戴,以防止紫外线损伤眼睛,在室内时最好不要佩戴。

7. 味道

男士在刮完胡子后,可用一些男用香水或须后水。

8. 精神面貌不容忽视

男士的仪容与其精神面貌有很大的关系,如果外表各方面都处于最佳状态,但目中无光、精神不振,这个人的形象也谈不上好。所以,男士在精神面貌上要保持对生活的乐观和追求,少些抑郁忧愁,多些爽朗欢笑。

三、仪态美

(一) 仪态的概念

仪态是指人在行为中的**姿势和风度**。姿势是指身体所呈现的样子,风度则属于内在气质的外化。每个人总是以一定的仪态出现在别人面前,一个人的仪态包括他的所有行为举止:一举一动、一颦一笑、站立的姿势、走路的步态、说话的声调、对人的态度、面部的表情等。这些外部的表现又是内在品质、知识、能力等的真实流露。

仪态在客运服务中有着特殊的作用。客运服务人员在旅客面前的一举一动不仅关系到个人形象,而且直接影响到铁路客运服务质量和铁路企业的形象。潇洒的风度、优雅的举止常常令人赞叹不已,给人留下深刻的印象,受到人们的尊重。在与人交往中,我们可以通过一个人的仪态来判断其品格、学识、能力以及其他方面的修养程度。仪态的美是一种综合的美、完善的美,是仪态礼仪所要求的。这种美应是身体各部分器官相互协调的整体表现,也包括一个人内在素质与仪表特点的和谐。容貌秀美,身材匀称,是仪态美的基础条件,但有了这些条件并不等于拥有了仪态美。与容貌和身材的美相比,仪态美是一种深层次的美,更富有永久的魅力。

(二)仪态的特征

1. 仪态是一种"无声的语言"

在客运服务过程中,客运服务人员与旅客能通过语言交流信息,但在说话的同时,面部表情、身体的姿态、手势和动作也在传递着信息。对方在接收信息时,不仅在"听其言",而且在"观其行"。仪态语言是一种极其丰富、极其复杂的语言。信息的传递与反馈,从表面上看,主要是嘴、耳、眼的运用。事实上,表情、姿态等所起的作用远远超过自然语言交流本身。仪态是一种很广泛、很实用的语言,往往比有声语言更富有魅力,可以达到"此时无声胜有声"的效果。

2. 仪态是内在素质的真实表露

仪态在表情达意方面也许不像有声语言那么明确和完善,但它在表露人的性格、气质、态度、心理活动方面却更真实。也许你嘴上在说着欢迎客人到来的话语,可你的表情、手势、动作却流露出了你的厌倦、无奈。在社会交往中,仪态还是一种无形的"名片",也许你没有随身带着档案、介绍信,但人们却可以通过你的一举一动、一颦一笑判断出你的身份、地位、学识、能力,并因此影响对你信任的程度、交往的深度等。

3. 仪态的习惯性

仪态是人们在成长和交往的过程中逐步形成的,因而具有习惯性的特点。首先,仪态的习惯性是指人们对某一动作理解的习惯性。它一方面表现为某些动作表情达意的一致性,如人们用笑容来表现欢乐、友好、喜欢等感情;另一方面表现为同一动作由于地域和文化环境的不同而具有不同的含义。比如,点头在我国表示肯定,而在有些国家却表示否定。其次,仪态的习惯性是指每个人的仪态都是在成长过程和生活环境中长期形成的,这种习惯性并不都是先天的,也可以通过后天的生活和训练形成,一旦形成,就很难改变。人们的仪容美会随着时间的流逝而失色,仪态的美却能够随着年龄的增长而增添几分成熟、稳重、深刻的美。

总之,仪态的美是一种更完善、更深刻的美,它不是可以通过外表的修饰打扮得到的,也不是单纯的动作、表情的模仿可以体现的。它有赖于内在素质的提高、自身修养的加强,有赖于性格、意志的陶冶和能力、学识的充实,是长期培养磨炼的结果。

(三)仪态礼仪的基本要求

铁路客运服务对每个客运服务人员的仪态要求概括起

来就是：站有站相，坐有坐姿，举止端庄稳重，落落大方，自然优美，彬彬有礼。具体说来，其对各种动作、姿势有以下要求。

1. 站姿

站姿是客运服务接待中最基本的姿势。站姿是生活中静力造型的动作，站立不仅要挺拔，而且要优美和典雅，站姿是优雅举止的基础。保持优美的站姿是客运服务人员的基本功之一。

正确的站姿是：抬头，颈挺直，下颌微收，嘴唇微闭，双目平视前方，面带微笑；双肩放松，气向下压，身体有向上的感觉，自然呼吸；挺胸，收腹，立腰，肩平；双臂放松，自然下垂于体侧，虎口向前，手指自然弯曲；两腿并拢立直，提髋，两膝和脚跟靠紧，脚尖分开，呈 V 字形，身体重量平均分布在两条腿上。这是基本的站姿，也是客运服务中男客运员常用的站姿，如图 2-2 所示。在此基础上，还可以有所调整，将两脚平行分开，比肩略窄，或者将左脚向前靠于右脚内侧，丁字步站立；可以将右手搭在左手上，放在腹部或臀部，双手叠放于体后，或是一手放于体前一手背在体后。铁路客运服务中，女客运员常用的站姿是右手搭在左手上，双脚呈 V 字形或采用丁字步，如图 2-3、图 2-4 所示。站立时不可以双手叉腰、抱在胸前或放入衣袋，不可以探脖、弓腰、东歪西靠。训练站姿可以在室内靠墙站立，脚跟、小腿、臀、双肩、后脑勺都紧贴着墙，每次坚持 15min 左右，养成习惯；也可以到室外广场上、道路旁人员众多的地方面带微笑练习站立。

正确优美的站姿会给人以挺拔向上、舒展俊美、庄重大方、亲切有礼、精力充沛的印象。

图 2-2　基本站姿

图 2-3　V 字形站姿

图 2-4　丁字步站姿

2. 坐姿

坐是常用的一种举止。坐姿是静态的，但也有美与不美、优雅与粗俗之分。良好的坐姿可以给人以庄重安详的印象。

标准的坐姿是：入座时要轻稳，走到座位前，转身后退，轻稳地坐下。女士穿裙装入座时，应将裙向前收拢一下再坐下。上体自然坐直，立腰，双肩平正放松；两臂自然弯曲，放在膝上，也可以放在椅子或沙发的扶手上，掌心向下；双膝自然并拢（男士可略分开些），如图 2-5 所示，双脚平落在地上；坐在椅子上，至少应坐满椅子的 2/3，脊背轻靠椅背；起立时，右脚向后收半步，而后站立，如图 2-6 所示。

端坐时间过长，会使人感到疲劳、不自然，可换一下姿

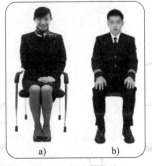

图 2-5　标准的坐姿

势:男士可在标准式的基础上,两小腿前伸一脚的长度,左脚向前半脚,脚尖不要翘起,形成前伸式;或者将小腿前伸,两脚踝部交叉,形成前交叉式。女士可将两小腿向左斜出,两膝并拢,右脚跟靠拢左脚内侧,右脚掌着地,左脚尖着地,头和身躯向左斜,注意大腿小腿成90°,小腿要充分伸直,尽量显示小腿长度,形成侧点式;在侧点式基础上,左小腿后屈,脚绷直,脚掌内侧着地,右脚提起,用脚面贴住左踝,膝和小腿并拢,上身右转,形成侧挂式;右脚前伸,左小腿屈回,大腿靠紧,两脚前脚掌着地,并在一条直线上,形成屈直式;在前伸式坐姿的基础上,右脚后缩,与左脚交叉,两踝关节重叠,两脚尖着地,形成前交叉式,如图2-7所示。总之,坐在椅子上是可以变换姿态的,要端坐,腰立直,头、上体与四肢协调配合。

图2-6 起立姿势

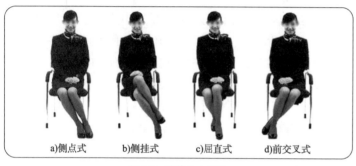

a)侧点式　　b)侧挂式　　c)屈直式　　d)前交叉式

图2-7 其他女士坐姿

坐时切不可前倾后仰或是歪歪扭扭,也不可双腿伸得远远的,摇腿、跷脚、两腿过于分开。坐在椅子的前半边,身子稍向前倾是表示谦虚,但与人交谈时,坐得过于前倾,就是一种阿谀了。

3. 动作

在客运服务中,客运服务人员经常处在动的状态,除了站、坐之外,其他动作的优美也必须注意培养。

(1) 蹲姿。

蹲姿也应当是优美典雅的。在取低处物品或拾取落地物品时,切不可弯腰翘臀,而应使用蹲姿。蹲姿的具体做法有:

①膝点地式蹲姿:单膝点地式,即下蹲后一条腿弯曲,另一条腿跪着。臀部坐在脚跟上,以脚尖着地,另外一条腿应全脚着地,小腿垂直于地面,双腿应尽力靠拢,如图2-8所示。

②交叉式蹲姿:女交叉式蹲姿,下蹲时右脚在前,左脚在后,右小腿垂直于地面,全脚着地。左膝由后面伸向右侧,左

图2-8 膝点地式蹲姿

脚跟抬起,脚掌着地。两腿靠紧,合力支撑身体。臀部向下,上身稍前倾,如图 2-9 所示。

③高低式蹲姿:下蹲时右脚在前,左脚稍后,两腿靠紧,向下蹲。右脚全脚着地,小腿基本垂直于地面,左脚脚跟提起,脚掌着地。左膝低于右膝,左膝内侧靠于右小腿内侧(男士可略分开些),形成右膝高、左膝低的姿态,臀部向下,基本上以左腿支撑身体,如图 2-10 所示。

图 2-9 交叉式蹲姿

图 2-10 高低式蹲姿

若用右手捡东西,可以先走到东西的左边,右脚向后退半步后再蹲下来。脊背保持挺直,臀部一定要蹲下来,避免弯腰翘臀的姿势。男士两腿间可留有适当的缝隙;女士则要两腿并紧,穿短裙时需更加留意,以免尴尬。

(2)手势。

手势是客运服务中不可缺少的动作,可以更清楚地表情达意。手势美是一种动态美,手势运用要规范和适度,给人一种优雅、含蓄、彬彬有礼的感觉。手势的动作要求是:手指伸直并拢,手与前臂成一条直线,肘关节自然弯曲,掌心向斜上方,如图 2-11 所示。手势不能过大,也不能过多。运用手势要有个摆动过程,动作规律是:欲扬先抑、欲左先右、欲上先下。注意不能掌心向下,不能攥紧拳头,也不能用手指点,这些都含有不敬的意思。运用手势要注意与面部表情和身体其他部位的动作的配合,这样才更能体现出尊重和礼貌。

(3)递物与接物。

递物与接物是客运服务中常用的一种动作,应当双手递物、双手接物,表现出恭敬与尊重的态度。递物时要注意,如果是文件、名片等要将正面对着接物的一方,如图 2-12 所示;如果是尖利的物品,要将尖头朝着自己,而不要指向对方。接物时不能漫不经心,在双手接物的同时应点头示意或

图 2-11 手势

模块 2 日常服务礼仪 | 35

道声谢谢。

 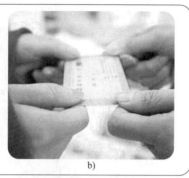

图 2-12 递物与接物

(4)禁止的动作。

在旅客面前打喷嚏、打哈欠、伸懒腰、挖耳鼻、剔牙、打饱嗝、搓泥垢、修指甲,都会被认为是不文明的行为。咳嗽或打喷嚏时,应用手帕捂住口鼻,再转向一侧。吐痰时要吐在手纸里或去卫生间,不能乱扔纸屑、果皮、烟头等废物。

4. 表情

表情是人体语言中最为丰富的部分,是内心情绪的反映,在客运服务中起着重要作用。

表情是优雅风度的重要组成部分,构成表情的主要因素有两种:一是目光,二是笑容。

(1)目光。

目光是面部表情的核心。在客运服务时,目光是一种真实的、含蓄的语言。"眼睛是心灵之窗",从旅客的目光中可以看到他的整个内心世界。一个良好的客运服务形象,目光应是坦然、亲切、友善、有神的。在与旅客交谈时,应当注视着对方,这样才能表现出诚恳与尊重,如图 2-13 所示。在客运服务过程中,冷漠的、呆滞的、疲倦的、轻视的、左顾右盼的目光都是不礼貌的。要注意切不可盯人太久或反复上下打量,更不可对人挤眉弄眼、翻白眼或用斜眼看人。

图 2-13 目光

(2)笑容。

笑有微笑、大笑、冷笑、嘲笑等许多种,不同的笑表达了不同的感情。微笑是指不露牙齿、嘴角的两端略微提起的表情,如图 2-14 所示。微笑是对人的尊重、理解和友善。发自内心的微笑是最美好的,人们的交往应是从微笑开始的。与人交往时面带微笑,可以使人感到亲切、热情和尊重,使自己富于魅力,更容易得到别人的理解、尊重和友谊。

图 2-14 微笑

5. 空间距离

人与人之间有着看不见但实际存在的界限,这就是个人领域的意识。因此,根据空间距离不同,也可以推断出人们之间的交往关系。

一般说来,交际中的空间距离可以分为以下四种。

(1)亲密距离。

亲密距离在45cm以内,属于私下情境,多用于情侣,也可以用于父母与子女之间或知心朋友间。两位成年男子一般不采用此距离,但两位女性知己间往往喜欢以这种距离交往。亲密距离属于很敏感的领域,交往时要特别注意不能轻易采用这种距离。

(2)私人距离。

私人距离一般为45～120cm,表现为伸手可以握到对方的手,但不易接触到对方身体,这一距离对讨论个人问题是很合适的,一般的朋友交谈多采用这一距离。

(3)社交距离。

社交距离为120～360cm,属于礼节上较为正式的交往关系。一般工作场合,人们多采用这种距离交谈;在小型招待会上,与没有过多交往的人打招呼也可采用此距离。

(4)公共距离。

公共距离一般大于360cm,一般适用于演讲者与听众、彼此极为生硬的交谈及非正式的场合。

在社交活动中,根据其活动的对象和目的,选择和保持合适的距离是极为重要的。

(四)培养健美的形体

形体健美是指人体各部位比例协调对称,发育正常,按一定标准延伸,形成富有变化的线条,并且能体现出健康向上的活力。比如,评选模特时一般对身高、体重、胸围、腰围、腿围、臀围等都规定理想化的标准。要想形体健美,就应当坚持进行科学、系统的形体训练,如参加定期的健美培训班等,只要持之以恒,就能使形体达到基本健美。

人的体型不可能都完全符合理想化的标准,如果身体各部位的比例不理想,可以通过服饰、发型、妆色等来修饰、调整。正常的头部与身体的比例关系,应该以自己一个头的长度为衡量单位,全身是七个半头的比例关系。不符合这种比例者,可以利用发型和服装两大因素来弥补。此外,穿高跟鞋可以收到加长身高和加大腿长的效果,还可以使人显得挺拔、精神。但穿高跟鞋时要注意,鞋跟高度必须与脚的长度和腿的长度成适当的比例。

另外,人的胸、腰、臀、腿、臂的尺寸以及各部位之间的比例关系也有一定的标准,可以根据这些标准测量自己的身体是否理想。衣着的款式、色彩可以起到改善体型、掩饰缺陷、修正比例的作用。

总之,在客运服务过程中,只有将服饰、装饰、仪态三者融为一体,才能创造出完美的形象。培养良好形象的过程,实际上是在高度自觉的前提下使自己整体素质提高的过程,这远非一朝一夕之功,但只要有恒心,就一定能够达到理想的境界。

四、仪表美

(一) 对仪表的认识

仪表,是指人的外表,包括人的容貌、姿态、风度等方面。仪表是一个人的精神面貌、内在素质的外在表现。一个人的容貌是仪表的重要组成部分。在铁路客运服务中,注重个人仪容仪表,对建立良好的个人形象有着重要的作用。一个人的仪容仪表不单是由其先天的生理条件决定的,也不仅是穿戴和修饰的问题,还与其道德品质、思想修养、文化素质等密切相关。

随着社会文明程度的提高,追求仪表美越来越成为人们的一种共识。人们通常用仪表端庄、容貌俊秀、风度翩翩、举止潇洒等来赞扬一个人的仪表美。仪表美可使人赏心悦目、令人感叹赞美,那么怎样才算有仪表美呢?

仪表美是一个综合概念,它应当包括以下三个层次的含义:

其一,仪表美是指人的容貌、形体、体态等的协调优美。例如,体型健美匀称、五官端正秀丽,这些先天的生理因素是仪表美的基本条件。其二,仪表美是指经过修饰打扮及后天环境的影响形成的美。天生丽质并不是每个人都能够有的,而仪表美却是每个人都可以去追求和创造的。即使天生丽质,也需要用一定的形式去表现。其三,仪表美是一个人美好高尚的内心世界和蓬勃旺盛的生命活力的外在体现,这是仪表美的本质。真正的仪表美是内在美与外在美的和谐统一,慧于中才能秀于外。一个人如果没有道德、情操、智慧、志向等内在美作为基础,那么,再好的先天条件、再精心的打扮也只能是一种肤浅的装饰。缺少丰富深刻内涵的美,不可能产生魅力。因此,一个人的仪表美是其内在美的一种自然展现。在现代社交活动中,注重仪容仪表是一个不容忽视的问题,良好的仪表可以塑造良好的自我形象,产生意想不到的社交效果,具有重要的意义。

1. 仪表美可以给人留下良好的第一印象

在社会交往中,人们首先是通过仪表开始相互认识的。在最初的交往中,仪表往往比一个人的档案、介绍信、证明、文凭等的作用更直接,更能产生效果。人们往往通过仪表来判断一个人的身份、地位、职业、学识、个性等。外表给人的第一视觉印象常常会使人形成一种特殊的心理定式和情绪定式。修整得体的仪表能够给人留下深刻的印象,无形地左右着人们相互交往的进展与深度。从这个意义上说,仪表美是社交活动的"通行证"。

2. 仪表美是自尊自爱的需要

一个热爱生活、富于理想、工作作风严谨的人,通常是注重仪表的。仪表端庄大方、整齐美观,既体现了一个人的精神风貌,也是自尊自爱的表现。衣冠不整、不修边幅会被认为作风拖沓、生活懒散、社会责任感不强,难以得到人们的信任。仪表美还体现了一种安全感,一种认真的作风,一种自信、热情、向上的精神风貌。

3. 仪表美是尊重旅客的要求

注重仪表是讲究礼节礼貌的表现,是对他人的一种尊重。仪表美使客运服务人员与旅客之间在思想上、感情上容易沟通,有利于增进相互间的了解和友谊。受人尊重是人们在社交活动中普遍的心理需要,仪表美能在一定程度上调整客运服务人员与旅客之间的关系,使旅客求尊重心理得到满足。

4. 仪表美是客运管理水平和服务水平的需要

客运服务人员的仪表不仅反映个人的精神面貌,更重要的是代表铁路企业的形象。客运服务人员每天接触来自国内外各行各业的旅客,仪表美会产生积极的宣传效果,给旅客留下良好的印象。客运服务人员的仪表仪态反映着企业的管理水平和服务质量,其对接待服务工作的影响是不可低估的。美观整洁、端庄大方的仪容仪表能使人产生好感,取得良好的工作效果。客运服务人员的仪表美有利于服务质量的提高。

(二)仪表美的基本要求

仪表既然是一个人精神面貌、内在气质的外在表现,那么对仪表美的具体要求应当是:容貌端正,举止大方,行为端庄,遇事稳重,态度诚恳,待人亲切,服饰整洁,打扮得体,不卑不亢,彬彬有礼,如图2-15所示。总体要求可以概括为以下几点。

图 2-15 仪表美

1. 追求秀外慧中

仪表美必须是内在美与外在美的和谐统一。要有美的仪表,必须从提高个人的内在素质入手,如果没有文明礼貌、文化修养、知识才能这些内在素质做基础,那么所有外在的容貌、服饰、打扮、举止都会被视作矫揉造作,而不会产生美感。

2. 强调整体效果

仪表美应当是整体的美,它强调的是整体形象效果。秀美的皮肤,端正的五官,令人赞叹;修长的身材,优美的线条,让人羡慕;时髦的服装,精美的饰品,更使人增加几分姿色,但仪表美绝不仅仅局限于此,它是多方面因素的和谐统一。某一局部的美不等于仪表美,而且过分突出某一局部的美,会使美变得支离破碎,破坏整体和谐。一味追求面面俱到的美,也会使美失去平衡。若是不顾自己的特点去模仿别人,难免会俗不可耐,有"东施效颦"之嫌。美是风格,美是和谐,美是设计,仪表美应当是一种独具匠心的、和谐的整体美。

3. 讲究个人卫生

仪表美还必须讲究个人卫生,在与人交往时必须注意仪表的修整与清洁,具体应做到以下几点:

(1)勤洗澡,勤换衣。男士要经常修面,女士要适度使用化妆品,保持皮肤的细润、靓丽。

(2)保持口腔清洁,养成刷牙习惯,防止口臭。

(3)工作前、工作中一般不要食用葱、蒜等有刺激性气味的食物。

(4)在工作时间不要浓妆艳抹和佩戴华贵的饰物,不应在众人面前炫耀自己。

(5)头发要适时梳洗,发型要大方得体,指甲要经常修剪,保持两手的清洁。

单元 2.1　仪容、仪态、仪表
单元 2.2　妆容服饰礼仪
单元 2.3　行走礼仪

单元 2.2　妆容服饰礼仪

【知识目标】

1. 熟悉化妆的内容与技巧；
2. 了解女士着装礼仪及男士着装礼仪；
3. 熟悉西装及职业装穿着规范；
4. 了解饰品搭配技巧。

【技能目标】

1. 能够化面部淡妆；
2. 能够按照 TPO 原则正确着装；
3. 能够正确穿着西装及职业装；
4. 能够巧妙进行饰品搭配。

【素质目标】

1. 养成良好的面部淡妆习惯；
2. 养成良好的着装习惯；
3. 具有较高的服务水准；
4. 具有良好的服务态度意识。

思政园地 2-2

京港高铁安九段　高铁乘务组整装待发

京港高铁安九段是国家《中长期铁路网规划》"八纵八横"高速铁路网京港（台）通道的重要组成部分。担当乘务工作的女工作人员身着以紫色为主色调的制服套装，寓意"盛世玉兰、紫气东来"。上衣领口为小V领，右肩处点缀金色玉兰花刺绣，优雅中增添灵动之美；裙装侧开衩，用花色布料拼接，稳重大方。图 2-16 为京港高铁安九段乘务组。图 2-17 为京港高铁安九段乘务组女制服套装。

a)　　　　　　　　　　　　　　b)

图 2-16　京港高铁安九段乘务组

模块 2　日常服务礼仪　41

图 2-17　京港高铁安九段乘务组女制服套装

男工作人员的服装套装沿用经典"铁路蓝"，衬衫为浅蓝色，红色领带配以银白色线条，更显干练帅气。图 2-18 为京港高铁安九段乘务组制服套装。

 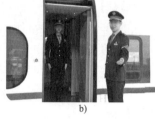

图 2-18　京港高铁安九段乘务组制服套装

按图试运行期间，乘务人员在高铁车厢内熟悉列车各类设备设施，模拟旅客乘降工作流程，为新线开通做好充分准备。

合肥客运段精心打造"如沐春风，'皖'美之旅"服务品牌，组织乘务人员进行系统深入的集中培训，通过基础业务、服务礼仪学习，配合各类应急演练、实作考评等，不断提升服务水平。

合肥车务段为沿线新站选配业务能力强、经验丰富的业务骨干，开展岗前培训，提前做好客流调查，合理安排岗位人员。图 2-19 为京港高铁安九段乘务组集中培训。

图 2-19　京港高铁安九段乘务组集中培训

京港高铁安九段开通后，合肥到南昌的列车运行时间将从 4h 压缩至 2h 左右，对进一步完善沿江区域铁路网布局，提升中部省份之间铁路通道能力，服务长江经济带高质量发展，促进沿江城市间人文经贸交流等具有重要意义。

（摘编自《中国铁路》）

单元基础知识

一、面部化妆的一般程序

每个人的面容都有自己的特点,因此,化妆的技法和风格也不尽相同,而且每隔一段时间,化妆方法也会有不同的流行特色。脸部化妆就是利用各种技术,恰当使用化妆品,通过一定的艺术处理,突出五官最美的部分,使其更加美丽,掩盖或矫正缺陷或不足的部分,达到美化形象的目的。适度的化妆是尊重宾客的一种礼貌需要,从事客运服务工作的女员工宜化淡妆。

1. 洁面

首先用洗面奶、清水将面部清洁干净。

2. 化妆水

日光下容易脱妆,化妆前必须选用收敛性的化妆水。

3. 乳液

化日妆宜选用乳液,含油量不宜太大,可选水溶性乳液。

4. 修正液、修正粉底

修正液、修正粉底用于调整皮肤的颜色,适合化日妆使用,方便快捷;肤色黄的人用紫色粉底,可使皮肤显白;对红血丝皮肤,用绿色粉底可起掩饰作用。

5. 粉底液、粉底霜

粉底液适用于肤质好的人,也可以局部遮掩,用量宜少、宜薄,有严重斑点的部位和高光部位可多涂抹两次,较干或有严重斑点的皮肤应使用粉底霜。

6. 定妆

用粉刷蘸取少量散粉或用粉饼在全脸薄薄定妆,尤其是脸颊和眼部。

7. 眼影

眼部结构好的人可用单色眼影晕染。用眼影刷蘸取少量眼影色,从上眼睑、外眼角向内眼角轻轻晕染,然后用干净大眼影刷晕染,位置为眼球的边缘线。

8. 眼线

睫毛浓密的人可不画眼线,睫毛条件差的人可选合适的眼线笔,画上下眼线,然后用眉刷蘸深色眼影做晕染,使眼线产生睫毛的浓密感和朦胧感。

9. 眉毛

眉毛条件好的人,只需用眉刷蘸取少量深色眼影刷顺眉毛;眉毛条件差的人,用深色眼影轻刷一遍,缺少的眉毛可用眉笔一根一根地按眉毛生长的方向画上。

10. 口红

日妆的口红颜色不宜鲜艳,应尽量接近唇色。可选用粉质无光的口红,画出唇形后,用唇刷蘸单色口红晕染或涂上少量浅色唇油。

11. 睫毛

睫毛条件好的人,可用无色睫毛膏刷一遍;睫毛条件差的人,先要把睫毛夹弯上翘,然后刷2~3遍增长睫毛膏,使睫毛向上弯曲,以增强眼睛的立体感和魅力。

12. 胭脂

脸型和肤色好的人可以不刷胭脂,需要刷时用胭脂刷,选择浅红色胭脂,用量宜少不宜多,打造非常自然、似有似无的感觉。

二、化妆的内容及技巧

(一) 化妆的基本内容及技巧

化妆的基本内容及技巧大致是不变的,一般包括以下几个方面。

1. 基础底色

使用基础底色的目的是遮盖皮肤的瑕疵,统一皮肤色调。应根据自己的脸型施以粉底,突出面部的优点,修饰其不足。不要用太白的底色,否则会使人感到失真。最好是选用两种颜色的底色,在脸部的正面,用接近自己天然肤色的颜色均匀地、薄薄地涂抹。在脸部的侧面,可用较深的底色,从后向前、由深到浅均匀地涂抹。深色有深陷的作用,这样做可以收到增强脸型立体感的效果。在面部需要表现深陷的部位,都可以巧妙自然地使用深色底色。

2. 定妆

上完底色后用粉定妆,目的是柔和妆面,固定底色,还可吸收皮肤分泌物,保护皮肤免受阳光、风、灰尘等外部刺激。选用香脂粉要考虑自己皮肤的特征和色调。普通香粉分为粉红、微黄和白色三种。脸上涂粉不宜过多,粉一定要涂得薄而均匀。

3.修饰眼睛

通常情况下,修饰眼睛要遵循以下五个步骤:

(1)定方案。对着镜子设计好化妆眼睛的方案。

(2)涂眼影。涂眼影的目的是表现眼部结构的整体风格,有丰富面部的作用。涂眼影时,贴近睫毛的眼角部位要重些,然后用眼影刷轻轻扫开去。

(3)画眼线。画眼线是为增加睫毛的合理浓密程度,增强眼睛的神采。画眼线时,使用眼线笔紧贴睫毛,由外眼角向内眼角方向描画,上眼线比下眼线重些,上眼线从外眼角向内眼角画 7/10 长,下眼线画 3/10 长。

(4)卷翘睫毛。用睫毛夹夹住睫毛卷压片刻,使睫毛向上翘立,从而扩大眼睑的弧度,使眼睛更多地受到光线照射。反射光与黑眼珠形成对比和闪动亮光,以使眼睛更为有神。

(5)刷染睫毛液。在卷翘的睫毛上刷染睫毛液,可以使睫毛显得浓密而漂亮。

4.描画眉毛

眉毛的生长规律是两头淡,中间深,上面淡,下面深。标准的眉形是在眉毛的 2/3 处有转折。描画修饰出一个理想的眉形,一般需要下列步骤:

(1)用小眉刷轻刷双眉,以除去粉剂及皮屑。

(2)用温水浸湿的棉球盖住双眉,使眉毛部位的组织松软。

(3)拔除多余的散眉毛。

(4)用眉笔根据自己的脸型修饰,使其接近于标准眉型。

(5)用小刷子轻刷双眉,使眉毛保持自然位置。

5.涂刷面红

面颊是流露真实感情的部位,是显示健康貌美的焦点。面颊红润,会给人留下生机勃勃、精神焕发的印象。面红的中心应在颧骨部位。涂面红时应从颧骨处向四周扫匀,越来越淡,直到与底色自然相接。

涂面红可以用来矫正脸型。圆脸型的人,面红的形状应是长条形的,以减弱圆润的感觉;长脸型的人应涂得宽些,以增加圆润的感觉。对于面红的颜色,白皮肤的人可选用淡一些、明快一些的颜色,如浅桃红、浅玫瑰红;皮肤较黑的人可以选择深一些、暗一些的颜色。

6.涂抹唇膏

嘴唇是人身上非常富于表情的部位。比较理想的唇形为唇线清楚,下唇略厚于上唇,大小与脸型相宜;嘴角微翘,

富于立体感。可以采用涂抹唇膏的方法修饰唇形,使其更理想,具体程序是:

(1)清洁嘴唇。

(2)用唇线笔勾出理想的唇廓线。

(3)用唇刷或唇笔从上到下、从嘴角向唇中涂抹外缘,逐步涂向内侧,直到全部涂满,在笑时或谈话时看不到留有界限的存在。

(4)根据需要涂上光亮剂。

涂抹唇膏必须适合自己的具体条件,还要注意不同场合选用不同的口红色。日常淡妆中,口红色应以浅色、透明色为佳,显示一种健康的红润血色;晚妆、宴会妆、新潮妆等,口红色既可以浓艳,也可以夸张,但无论选用什么颜色,都应使唇色与整体面妆风格协调一致。

7. 美化手部

在客运服务中,手往往充当"先行官"的角色。手的运用最为频繁,且与人体其他部位一起形成了整体风采。手的类型很多,对于年轻女子来说,理想的手应具备以下特征:丰满、修长、流畅、细腻、平洁等。

手的美化最主要的是保养。为此,要养成勤洗手的习惯;用手洗衣要戴上橡皮手套以防洗衣粉的刺激;寒冷的季节外出要戴手套,以免冻伤;晚上睡觉前用温水洗净手后敷上营养霜或甘油;要经常修剪指甲,保持指甲的清洁光亮。

(二)不同脸型化妆技巧

1. 椭圆脸化妆技巧

椭圆脸可谓公认的理想脸型,化妆时宜注意保持其自然形状,突出其可爱之处,不必通过化妆去改变脸型。胭脂,应涂在颧骨的最高处,再向上向外揉化开去。唇膏,除嘴唇唇形有缺陷外,尽量按自然唇形涂抹。眉毛,可顺着眼睛的轮廓修成弧形,眉头应与内眼角齐,眉尾可稍长于外眼角。相关化妆技巧如图 2-20 所示。

正因为椭圆脸是无须太多掩饰的,所以化妆时一定要找出脸部最动人、最美丽的部位,而后突出之,以免给人平平淡淡、毫无特点的印象。

2. 长脸型化妆技巧

长脸型的人,在化妆时力求达到的效果应是:增加面部的宽度。胭脂,应注意离鼻子稍远些,在视觉上拉宽面部;涂

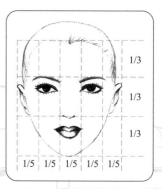

图 2-20 椭圆脸化妆技巧

抹时可沿颧骨的最高处与太阳穴下方所构成的曲线部位,向外、向上抹开去。粉底,若双颊下陷或者额部窄小,应在双颊和额部涂以浅色调的粉底,造成光影,使之变得丰满一些。眉毛,修正时应令其成弧形,切不可有棱有角;位置不宜太高,尾部切忌高翘,如图2-21所示。

图2-21　长脸型化妆技巧

3. 圆脸型化妆技巧

圆脸型予人可爱、玲珑之感,若要修正为椭圆形并不十分困难。胭脂,可从颧骨开始涂至下颌部,注意不能简单地在颧骨突出部位涂成圆形。唇膏,可在上嘴唇涂成浅浅的弓形,不能涂成圆形的小嘴状,以免有圆上加圆之感。粉底,可用来在两颊造阴影,使圆脸瘦削一点。选用暗色调粉底,沿额头靠近发际处向下窄窄地涂抹,至颧骨下可加宽涂抹的面积,造成脸部亮度自颧骨以下逐步集中于鼻子、嘴唇、下巴附近的部位。眉毛,可修成自然的弧形,可做少许弯曲,不可太平直或有棱角,也不可过于弯曲,如图2-22所示。

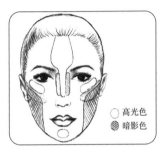

图2-22　圆脸型化妆技巧

4. 方脸型化妆技巧

方脸型的人以双颊骨突出为特点,因而在化妆时,要设法遮掩,增加柔和感。胭脂,宜涂抹得与眼部平行,切忌涂在颧骨最突出处,可抹在颧骨稍下处并往外揉开。粉底,可用暗色调在颧骨最宽处造成阴影,令其方正感减弱。下颌部宜用大面积的暗色调粉底造阴影,以改变面部轮廓。唇膏,可涂丰满一些,强调柔和感。眉毛,应修得稍宽一些,眉形可稍带弯曲,不宜有角,如图2-23所示。

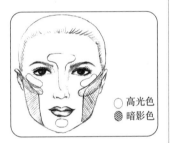

图2-23　方脸型化妆技巧

5. 三角脸型化妆技巧

三角脸的特点是额部较窄而两腮较阔,整个脸部呈上小下宽状。化妆时应将下部宽角"削"去,把脸型变为椭圆状。胭脂,可由外眼角处向下抹涂,令脸部上半部分拉宽一些。粉底,可用较深色调的粉底在两腮部位涂抹、掩饰。眉毛,宜保持自然状态,不可太平直或太弯曲,如图2-24所示。

图2-24　三角脸型化妆技巧

6. 倒三角脸型化妆技巧

倒三角脸型的特点是额部较宽大而两腮较窄小,呈上阔下窄状,人们常说的"瓜子脸""心形脸"即指这种脸型。化妆时,诀窍与三角型脸相似,需要修饰的部分则正好相反。胭脂,应涂在颧骨最突出处,而后向上、向外揉开。粉底,可用较深色调的粉底涂在过宽的额头两侧,而用较浅的粉底涂抹在两腮及下巴处,造成掩饰上部、突出下部的效果。唇膏,宜用稍亮些的唇膏加强柔和感,唇形宜稍宽厚些。眉毛,应顺着眼部轮廓修成自然的眉形,眉尾不可上翘,描时从眉心到眉尾宜由深渐浅,如图 2-25 所示。

(三)不同年龄性别化妆技巧

1. 少女化妆技巧

少女妆的特点应在于自然,予人以青春朝气和不加修饰之感。

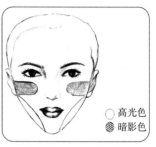

图 2-25 倒三角脸型化妆技巧

由于少女的皮肤细腻、娇嫩而富有弹性和光泽,在化妆时宜突出两颊和嘴唇处,不宜描眉、涂眼影和上较夸张的粉底。在技巧上,应清淡自然、似有若无,切忌浓妆艳抹,失去自然美。

具体的方法是:清洁皮肤,一定要彻底洗净,因为青春期皮肤油脂分泌较多,若不保持清洁易生粉刺等。涂上润肤剂,以轻拍方式施以化妆水,以整理肌肤;涂上一层薄薄的浅色调的粉底,双颊扫以淡淡的棕红色胭脂;唇部画好唇形后,宜涂上粉红色、橙色等富有朝气色彩的唇膏;睫毛上可涂上淡淡的黑色睫毛膏,强调明亮的双眼;在整个以粉红色和棕色为基调的脸部,还可略施薄薄的透明状松粉,更显露出柔和鲜艳的肤色。清新而艳丽是少女化妆的目标。

2. 中年女性化妆技巧

由于中年女性面部普遍布有皱纹,因而化妆重在掩饰。可选用稍暗色调的粉底,在有皱纹的地方轻轻涂抹,沿着皱纹纹路的走向轻涂,否则垂直涂抹粉底会使之存留于皱纹之中,使皱纹更为明显。粉底宜涂得薄而均匀。为进一步掩饰皱纹,必须降低皮肤的亮度,所以应用质好细腻的香粉扑面。选用胭脂时应视面部的不同情况而定。液状胭脂有湿润作用,粉状胭脂则能掩饰粗大的毛孔。中年女性的化妆宜突出自然、优雅之感。

3. 老年女性化妆技巧

老年女性应选用接近自然肤色的粉底,过深或过浅色调的粉底反而会使皱纹更为显眼;眼影不可选用油质的或带有闪光的,否则会使眼部油腻无神而显浮肿;唇膏宜选用颜色柔和的,忌用过于艳丽的色彩,最为常用的是润唇膏,另外,在涂唇膏时不宜画唇线;在修正眉形时,可将眉毛稍稍描一下。

老年女性的装饰应上下统一而协调,给人高雅之感。在穿衣时,最好将皱纹较多、肌肉松弛的颈部掩饰住,使面部化妆效果更好。

4. 男性化妆技巧

男性化妆的具体方法是:

(1)上粉底。男士的肌肤一般都比较粗糙,使用粉底能让肌肤显得细腻和有光泽。把绿豆粒大小的粉底液倒在手背上,然后用粉底刷蘸取适量,依次涂抹在脸颊、额头、鼻子和下巴上,用刷子把它涂抹均匀。对于一些皮脂分泌比较多的地方,如鼻翼两边等,要稍微涂抹得薄一些。

(2)遮瑕。不少男士都存在毛孔粗大的问题,而且痘印的问题比较严重,在遮盖痘印的时候,最好使用具有很强遮盖力的膏状或者霜状遮瑕产品。使用小号的化妆刷把男士遮瑕膏涂抹在需要遮盖的地方,采用轻轻按压的方式把瘢痕、印痕填平。

(3)修眉。男士的眉毛不需要太多修饰,只要按照本身的眉形将多余的小碎毛刮去,修出大致的眉形就可以了,但是不要修得太细。男士比较适合英气的剑眉,实在修不好可以先用眉笔框出框框再修。

(4)画眉。修好基础眉形后,使用深棕色的眉粉或眉笔来填补眉毛中间的空隙,注意不要涂到眉毛外面去,画好后再用眉刷梳一下。

(5)画好唇妆。男士的唇妆其实很简单,在唇上涂上淡淡的一层透明或者是淡色的唇膏即可,它的作用是提亮肤色并且滋润唇部。

(四)戴眼镜者化妆技巧

经常戴眼镜者,在化妆上应有别于不戴眼镜者。应注意眼镜框的上边是否与眉形相配合,以上边线与眉平行为佳,切不可框线下垂而眉形上扬。画眉毛的眉笔色调应与镜框的颜色尽量相配。应选用较明亮的眼影色及浓密一些的假睫毛或深色的睫毛膏。由于近视往往会使眼睛显得小些,所以应在上睫毛下画上较深色的眼线。胭脂、口红的颜色应与镜框的颜色相调和,深色镜框需配以较深色的口红,反之则较淡些。胭脂应抹得低些,以免被眼镜遮住。发型应以简单为宜。额前的刘海不要太多、太长。选择戴其他饰物时,应考虑到与眼镜的配合。

(五)洗澡后忌急于化妆

洗澡水的温度、水质和湿度会使正常皮肤的酸碱度发生变化。一般情况下,人的皮肤呈酸性,可以防止细菌的侵入,保护皮肤。洗澡后,皮肤酸碱度改变,若急于化妆,化妆品会使皮肤产生不良反应。应在洗澡后1h,待皮肤酸碱度恢复正常后再化妆。

三、香水

香水是化妆品之一,也是居室中常备的物品。香水不仅能除臭、添香等,而且能刺激大脑,使人兴奋,消除疲劳,但使用香水亦有讲究:

(1)最好将香水洒在手腕、颈部、耳后、太阳穴、臂弯、喉咙两旁、膝头等不完全暴露的部位,这样香味会随着脉搏跳动、肢体转动而飘逸散发。为避免香水对皮肤的刺激,可洒在衣领、手帕处。千万不要将香水搽在面部,不然会加速面部皮肤老化。

(2)不要在毛皮衣服上洒香水,因为它的酒精成分会使毛皮失去光泽。如果将香水洒在浅色衣服上,日晒后会出现色斑。所以,应尽量避免将香水直接洒在衣服上。

(3)不可将香水喷在首饰上,应该先搽香水,等完全干后,再戴项链之类的饰物。否则会影响饰物的颜色及光泽。

(4)香水不宜洒得太多、太集中,最好在离身体20cm处喷射。如果在3m以外还可以嗅到身上的香水味,则表明用得太多。

(5)搽用香水后不宜晒太阳,因紫外线会使搽过香水的部位发生化学反应,严重的会引起皮肤红肿或刺痛,甚至诱发皮炎。

(6)不要同时将不同牌子的香水混用,这样会使香水变味或无效。

(7)夏日出汗后不宜再用香水,否则汗味和香味会混杂在一起,给人留下污浊、不清新的感觉。因此,多脂多汗处忌洒香水,以免怪味刺鼻。

(8)患有支气管哮喘或过敏性鼻炎的人,最好不要用浓香的香水。

四、着装的基本原则

服饰不仅能避风挡雨,保护身体,更重要的是可以美化身体、扬长避短,展示一个人良好的精神风貌。服饰礼仪是仪表礼仪的重要组成部分。服饰是一种文化,也是一个国家和民族礼仪的标志之一。学习和遵守服饰礼仪,是铁路客运服务取得成功的前提。

（一）着装的基本原则

着装的 TPO（T——Time，时间；P——Place，地点；O——Occasion，场合，可引申为仪式）原则即着装与时间、地点、仪式内容相配的原则，是世界通行的着装打扮的最基本的原则。它要求人们的服饰力求和谐，以和谐为美。

1. 时间原则

时间原则一般包含三个含义：一是指一天中时间的变化，二是指四季的不同，三是指时代间的差异。日间是工作时间，要根据自己的工作性质着装，总体上以庄重大方为原则。如果安排有社交活动或公关活动，则应以典雅端庄为基本着装格调。晚间可能有宴请、听音乐、看演出、赴舞会等社交活动，由于空间的相对缩小和心理作用，人们往往对晚间活动的服饰比白天活动时的服饰给予更多的关注与重视。

另外，一年四季不同气候条件的变化对着装的心理和生理也会产生影响，着装时应做到冬暖夏凉、春秋适宜。夏天的服饰应以简洁、凉爽、轻柔为原则，切忌拖沓累赘，给自己与他人造成烦恼和负担。冬天的服饰则应以保暖、轻快、简练为原则，穿着单薄会使人看起来唇乌面青、缩肩佝背；而着装过厚，又会显得臃肿不堪、形体欠佳。春夏两季着装的自由度相对来讲要大一些，但仍应注意总体上以轻巧灵便、薄厚适宜为原则。此外，服饰还应顺应时代的潮流和节奏，过分落伍或过分新奇都会令人侧目。

2. 地点原则

地点原则即指环境原则。不同的环境需要与之相协调的服饰，以获得视觉与心理上的和谐感。在豪华的、铺着地毯的谈判大厅与陈旧简陋的会客室里，穿着同一套服装得到的心理效应是截然不同的。与环境不相协调的服装，甚至会给人以身份与穿着不符的感觉或华而不实、呆板怪异的感觉等，这些都有损于形象。避免这种情况的最好办法是"入乡随俗"，穿着与环境地点相适合的服装。例如，职业女性在衣着穿戴上不能太花哨。对于一个刚离开校门参加铁路客运工作的青年人来说，太清纯、太学生味的装扮只会让自己显得幼稚、脆弱，让人怀疑其能否挑得起重担；而太前卫的着装只会让人觉得散漫、怪诞，缺乏合作精神。

3. 仪式原则

着装的仪式原则是指服装要与穿着场合的气氛相和谐，更要和欲达到的目的相一致。例如，参加签字仪式或重要典礼等重大活动,要想让自己显得庄重、大方,表现出诚意或教养,着便装或打扮得过于花枝招展都不适宜,不能达到预期目的;只有穿着合体的,质地、款式都庄重大方的套装才合适。

(二)着装的注意事项

1. 着装与体型相配

人们的体型千差万别,而且往往难以十全十美。但如掌握一些有关服装造型的知识,根据自己的身材选择服饰,利用眼睛的视错觉,就能做到扬长避短,隐丑显美。

例如,身材肥胖者,服装的质地不能太厚,显得笨重;也不能太薄,使体型暴露无遗。应选用厚薄适中、柔软而挺括的料子,如华达呢、毛涤纶、棉涤纶等。此外,身材肥胖者还忌穿大花纹、横条纹、大方格图案的服装,避免体型横宽的视错觉。在色彩上,身材肥胖者应用收缩色,尤其是在冬季不要穿浅色外衣。身材肥胖者着装还应以避免款式过于复杂和花边等装饰过多,应力求服装线条简洁明快。

高而瘦的人,面料图案不宜选用竖条纹的,料子也不应过薄,显得呆板没有韵味。稍硬一点的料子会使他们看上去精神。最好不要穿窄腰或领口很深的连衣裙,否则会露出突出的锁骨,影响美观。还应避免颜色暗深的收缩色。

身材短小的人,可利用颜色创出高度,让衣服鞋袜连成一色,看上去会有修长感。上衣短些,腿会显得长些。对不少人来说,柔软贴身的衣料也能使人修长。

腰部过粗的人,不宜穿紧身衣。应选择半卡型和流线型上衣,如西服。另外,如能在胸部装饰一下,把人的注意点引到胸部,也能达到掩饰腰粗的目的。需注意的是,不要用金属腰带等扩张腰部的装饰品。

窄肩或溜肩的人,也不宜穿下摆有横向图案的上衣或裙子,这样会显得上窄下宽,更加不协调。臂部过大过高的,不宜将裙子或裤子穿在衬衫外面,可选择卡腰、略短的上衣套在上面,看上去庄重大方。腿短的人下装尽可能长一些。

2. 衣领要与脸型相配

衣领好比衣服的眼睛,人们打量对方时,总是习惯自上而下去看。衣领处于衣服的最上端,是人们视线较集中的部位,因此对服装美影响很大。人们做出了数以百计的衣领样式,但每种衣领样式,不是人人穿着都合适。从形体美学的观点来看,衣领除了要同衣服整体相称外,还必须同穿衣人的脸型相配,因为衣领处于脸部下端,是有直接的对比作用的。领型适当,可以衬托脸庞的匀称,富有美感。如果领型与脸庞失调,则会使人看起来不美观。

圆脸型的人,为了避免脸看上去更圆,所以不宜穿着小圆形领的衣服,而穿着V字领、宽U字领和尖领型的衣服会收到良好的效果。对于长脸型的人,如果配上了长领型,会夸大颈项长度,脸就越发显得长了。因此,V字领不宜使用。长脸型人的衣领宜圆,颈项外露要少,头发长度要适中,发型要修剪得蓬松外翘。方脸型者,不宜着长方形领式,因为领的线条与脸的线条重复,会加深方脸的印象。方脸型配小圆角领式或双翻领为宜,这样可以减少脸型的棱角感。尖型脸的人选配衣领的范围比较大,除了不宜采用同脸型相似的领式外,其他领型都可以相配,尤以配大翻领为美,通过领样外翻加宽的形式,可以弥补脸颊窄的不足。

如果脸庞小,就不宜穿着领口开得太大的无领衫,否则会使脸庞显得更小。而脸庞大的人,通常脖子也比较粗,所以,领口不能开得太小,否则会给人以勒紧的感觉。这种人适合穿深V字领的服装,使面部和脖子有一体感,造成纤细的效果。如果下巴比较大就不宜穿着大而突起的硬领、蝴蝶结领、高翻领、花边领,穿着深而尖的衣领为宜,领子既要简单又要平贴在肩上。

总之,衣领要与脸型相配。一般来说,应该根据自己的脸型用"相反相成"的原则去选择领子的式样,扬长避短,弥补缺陷,从而收到美化的效果。

3. 着装与肤色相配

巧妙地运用服装色彩可扬长避短,表现自己的"美点",掩盖缺点,这是衣着打扮的高招。下面略举几例,以供参考。

(1)面色红润:适宜穿茶绿或墨绿色衣服。不适宜穿正绿色衣服,否则会显得俗气。

(2)肤色偏黑:最好不要穿粉红、淡绿色的服装。适宜穿浅色调、明亮些的衣服,如浅黄、浅粉、月白等色彩的衣服,这样可衬托出肤色的明亮感。不宜穿深色服装,最好不要穿黑色服装。

(3)肤色黄白:适宜穿粉红、橘红等柔和的暖色调衣服。不适宜穿绿色和浅灰色衣服,否则会显出"病容"。

(4)面色偏黄:适宜穿蓝色或浅蓝色上装,可将偏黄的肤色衬托得洁白娇美。不适合穿品蓝、群青、莲紫色上衣,否则会使面色显得更黄。

(5)肤色黑黄:不要选择鲜艳的蓝色或紫色。

(6)肤色暗褐:不要选择咖啡色。

(7)白肤色:宜选择的颜色范围较广,但忌近似于皮肤色彩的服装,而且宜穿颜色较深的服装。

(8)皮肤偏粗:适宜穿杂色、纹理凸凹性大的织物,如粗花呢等。不适合穿色彩娇嫩、纹理细密的织物,如金丝绒及拉毛衫等。

4. 着装与年龄相配

服饰对年轻人来说几乎没有什么禁忌,但年轻人应尽量避免穿过于华丽的服装,如闪光面料制作的或缀有过多装饰品的服装,因为这会使年轻人失去清新、纯净的美,反而显得俗气。相比之下,中、老年人的服饰就有一定的限制了,但不等于中、老年人服装都是一些灰暗的颜色和平平淡淡的款式。

中、老年人的服饰要体现出雍容、高雅、华丽、冷静的气度。在色彩上,不宜太纯(因为这些色彩过于活泼);可以选择明亮度暗的色彩,如暖色中的土红、砖红、驼色、红棕色,冷色中的湖蓝、海蓝、偏蓝、墨绿等。其他一些高明度的色彩,如蛋青、银灰、米色、乳白色也是十分淡雅、明快的色调,能表现出中、老年人的特殊气质;甚至黑、白、灰色也能组成非常和谐的色调。在款式上,线条不宜复杂,应以简洁为佳,有适当的放松度,不宜穿着紧裹在身上的服装,既不舒适,也不利于健康,但也不要过于肥大。在面料上,趋向于含蓄、高雅,比较挺括,以中档和高档为宜,能体现中、老年人成熟干练、严肃大方的气度。

总之,在着装时,既要扬长避短,又要体现个人风格。要通过细心地观察虚心接受自己的"缺点",了解自己的身高、脸型及其大小、腿的长短、肤色等,通过选择适合自己的发型、色调、服饰,进行巧妙的装扮才能变得更美、更具魅力。当然,装扮都是外在的,若还能不断充实自己的内涵,培养自己优雅的风度及高贵的气质,那么不仅在穿着上会是成功的,还将受到周围人的信赖与瞩目。

五、女士着装礼仪

女士着装应当体现出女士的职业特点、性格特征和女性的魅力,并且与具体的场景相协调。

我国女士选择衣着的范围比较大,一般情况下,可以穿西装套裙、中式上衣配长裙或长裤、连衣裙、旗袍以及其他民族服装。在比较正式的场合,我国女士通常穿着西装套裙、连衣裙和旗袍。

旗袍是最适宜中国女性穿着的服装,它既能最大限度地表现女性柔美婀娜的身姿,又能使女性显得端庄典雅。

参加婚礼时,不论自己穿上白色衣裙多么动人,也最好不要去穿,不然就会招人议论。而参加丧礼时,宜穿黑色或颜色柔和的衣裙,要是自己不顾一切地穿上大红大绿的时装,只能让旁人说自己不懂礼貌。

作为女主人招待宾客的话,衣着要根据聚会的性质而定。最基本的一条要求是,女主人的衣着应当比女宾的衣着朴素一点,不要企图在这方面去略胜一筹。

在公司、企业负责的女士,一般要穿灰色或蓝色的西装套裙,这样有助于提高自己的威信。如果想要显得平易近人一些,则可选择色彩柔和一点的衣裙,但也不要穿那些会显得过于散漫的运动服或牛仔装。普通的职业女性在工作中不要把自己打扮得花枝招展或者野性十足,不要让自己的工作被衣着喧宾夺主。

如果前去应聘,要考虑使自己的穿着符合工作的性质。为求惊世骇俗而穿上奇装异服去应聘,或者力图凭衣着取胜,都是不切实际的空想。去应聘之前,最好把将要穿着的服装先试穿一遍,以舒适合体为宜。

旅游时穿汗衫、背心加上短裤或短裙,锻炼、游泳或做日光浴时穿体操服、泳装、太阳裙甚至比基尼,那是人们各有所好。但是不论自己体型多么丰满、线条多么漂亮,也不能穿着这类衣服,自我感觉良好地在社交场合露面,不然就是不自爱了。

女士的衣着不但要干净、整洁、合身,而且要注意在它不同场合中的不同作用。具体来说,女士着装要考虑以下四个方面的因素。

1. 整洁平整

服装并非一定要高档华贵,但须保持清洁,并熨烫平整,这样穿起来就能大方得体,显得精神焕发。整洁并不完全为了自己,更是尊重他人的需要,这是良好仪态的关键。

2. 色彩技巧

不同色彩会给人不同的感受,如深色或冷色调的服装让人产生视觉上的收缩感,显得庄重严肃;而浅色或暖色调的服装会有扩张感,使人显得轻松活泼。因此,可以根据不同需要进行选择和搭配。

3. 配套齐全

除了主体衣服之外,鞋袜手套等的搭配也要多加考究。

如袜子以透明近似肤色或与服装颜色协调为好,带有大花纹的袜子不能登大雅之堂。正式、庄重的场合不宜穿凉鞋或靴子,黑色皮鞋是适用最广的,可以和任何服装相配。

4. 饰物点缀

巧妙地佩戴饰品能够起到画龙点睛的作用,给女士们增添色彩。但是佩戴的饰品不宜过多,否则会分散对方的注意力。佩戴饰品时,应尽量选择同一色系。佩戴首饰最关键的就是要与整体服饰搭配统一起来。

总之,穿衣是"形象工程"的大事。服装设计大师认为:"服装不能造出完人,但是第一印象的80%来自着装。"因此,大家对着装不可以掉以轻心!

六、男士着装礼仪

男士穿着大体上可以分为便服与礼服两大类。各式外衣、衬衣等日常穿着的服装均为便服,适用于一般场合。而参加正式、隆重、严肃的典礼或仪式,则应当穿着礼服或深色西装。

我国男士参加正式的交际活动可穿西装,也可穿中山装或民族服装。通常以西装和同色同质的毛料中山装为礼服,而以各种式样的其他中式服装或夹克为便装。参加正式的交际活动应穿礼服,普通的参观游览活动则可穿便服。民族服装在涉外活动中可以作为礼服穿着。

在室外活动中,风衣可以为男士增添风采。最佳的穿法是,领子竖起七分高,最下一只纽扣不系,腰带随意扎上。不穿风衣时,可用一只手臂任意搭着。不过在正式场合中不宜穿风衣。

业余时间,穿夹克衫、运动服、度假服、牛仔服以及羊毛衫都是可以的,但不要过于随便或刻意追求式样的奇特与花哨。要注意自己的年龄与身份,在轻松的朋友聚会上,可以穿得随意一些。

得体的服装是男士自尊、自信的最佳体现,也是个人素养与品位的最佳象征。男士着装的整体要求是自然得体、协调大方。除此之外,对于一些约定俗成的规范或原则也要遵守。男士着装,不仅要考虑自己的具体条件,还要注意客观环境与具体场合。通常来说,男士着装要考虑以下四个因素。

1. 得体着装,注重品位

着装讲求品位,得体着装不仅能够将男士的阳刚、成熟之美展现出来,还能够将男士深富内涵的知识与心灵美表现出来。

2. 量体裁衣显气派

一般来说，男性的体型差异较大，几乎没有十全十美的人。躯干挺直，身体各部位骨骼匀称是理想的体型。体型过胖、过瘦或腿短、臀宽等都是不完美的体型，这些在礼仪活动中都是自身的不利因素。相关注意事项前文已讲述，此处不再赘述。

3. 穿出男士精彩本色

尽管男士服装千变万化，但是基本的款式却不会改变。职场的男士要根据时间、地点、场合和身份的不同而选择不同的服装。商界人士要讲究商界着装原则，要严格遵循"衣着纪律"，着装要以规范、稳重为主；摄影师、艺术家、建筑师等其他自由职业者，对于传统的上班族着装规律可以不遵循，可独具特色，紧跟时代发展的潮流；领导型的男士，稳重、不事张扬的穿着才能体现出精明能干。个头矮小的男士切不能自怨自艾，巧妙着装，"扬己之长，避己之短"，自己的独特气质就能得到很好的体现。

4. 穿着鞋袜讲学问

在整体着装中，鞋的重要地位也不可低估，它不仅能勾勒出服装的整体美，还能衬托出人体本身的挺拔俊美。袜子的穿着也非常讲究，在公共场合绝对不能做"赤脚大仙"。正式或半正式场合，男性应穿颜色素净的中长筒袜子，这样可避免坐下谈话时皮肤或腿毛外露。袜子要以单、深色为佳，可带一些条纹、方格图案，但图案不能太明显，色调要比裤子深些，使得图案在裤子和鞋之间有一种过渡色。

总之，选择鞋袜要与整体装束相搭配，鞋袜的颜色要与着装的主色调相一致，这样着装的整体美才能体现出来。

七、西装着装规范

西装是一种国际性服装，如图2-26所示，穿起来给人一种彬彬有礼、潇洒大方的深刻印象，所以它现在越来越多地被用于正式场合，是人们必备的服饰之一。

1. 西装的款式

(1) 按西装的件数来划分。

套装西装：两件套（上装和下装）。

三件套（上装、下装、西装背心）。

单件西装。

(2) 按西装的纽扣来划分。

单排扣西装（1粒、2粒、3粒）。

图2-26　西装

双排扣西装(2粒、4粒、6粒)。

注:单排扣2粒和双排扣4粒最为正规,较多地用于隆重、正式的场合。

(3)按适用场合不同来划分。

正装西装。

休闲西装。

2.西装配套的衬衫

与西装配套的衬衫应为正装衬衫。一般来讲,正装衬衫具有以下特征。

(1)面料:应为高织精纺的纯棉、纯毛面料或以棉、毛为主要成分的混纺衬衫。条绒布、水洗布、化纤布、真丝、纯麻皆不宜选。

(2)颜色:必须为单一色。白色为首选,蓝色、灰色、棕色、黑色亦可;杂色、过于艳丽的颜色(如红、粉、紫、绿、黄、橙等颜色)有失庄重,不宜选。

(3)图案:以无图案为最佳,有较细竖条纹的衬衫有时候在社交中也可以选择。

(4)领型:以方领为宜,扣领、立领、翼领、异色领不宜选。衬衫的质地有软质和硬质之分,穿西装要配硬质衬衫。尤其是衬衫的领头要硬实挺括,要干净,不能太软或油迹斑斑,否则最好的西装也会被糟蹋。

(5)衣袖:正装衬衫应为长袖衬衫。

(6)穿法讲究。

①衣扣:衬衫的第一粒纽扣,穿西装打领带时一定要系好,否则会松松垮垮,给人极不正规的感觉。相反,不打领带时,一定要解开。再有,打领带时衬衫袖口的扣子一定要系好,而且绝对不能把袖口挽起来。

②袖长:衬衫的袖口一般以露出西装袖口1.5cm为宜,这样既美观又干净,但要注意衬衫袖口不要露出太长,那样就过犹不及了。

③下摆:衬衫的下摆不可过长,而且下摆要塞到裤子里。某些服务行业的女员工穿着统一的制式衬衫,系着领结,衬衫的下摆却没有塞到裤裙中去,给人一种不伦不类、很不正规的感觉。

④不穿西装外套、只穿衬衫打领带的穿法仅限室内,正式场合不允许。

3.西装配套的领带

领带是男士在正式场合的必备服装配件之一,它是男西装的重要装饰品,对西装起着画龙点睛的重要作用。所以,领带通常被称作"男子服饰的灵魂"。

(1)面料:质地一般以真丝、纯毛为宜,档次稍低点就是尼龙的了,绝不能选择棉、麻、绒、皮革等质地的领带。

(2)颜色:一般来说,服务人员应选用与自己制服颜色相称、光泽柔和、典雅朴素的领带,不要选用那些过于显眼花哨的领带。所以,颜色一般选择单色(蓝、灰、棕、黑、紫色等较为理想)的,多色的则不应多于三种颜色,而且尽量不要选择浅色、艳色。

(3)图案:领带图案的选择要坚持庄重、典雅、保守的基本原则,一般为单色无图案,宜选择蓝色、灰色、咖啡色或紫色;或者选择点子或条纹等几何图案。

(4)款式:不能选择简易式领带(如"一拉得")。

(5)质量:外形美观、平整、无挑丝、无疵点、无线头,衬里毛料不变形,悬垂挺括、较为厚重。

(6)打法讲究。

①注意场合:打领带意味着郑重其事。

②注意与之配套的服装:西装套装非打不可,夹克等则不能打。

③注意性别:为男性专用饰物,女性一般不用,除非制服和做装饰用。

④长度:领带的长度以自然下垂,最下端(大箭头)至皮带扣处为宜,过长过短都不合适。

领带系好后,一般是两端自然下垂,宽的一片应略长于窄的一片,绝不能相反,也不能长出太多,如穿西装背心,领带尖不要露出背心。

⑤领带夹:领带夹有各种型号款式,它们的用法虽然各异,功能却一致,无非是固定领带。

我们选择领带夹时,一定要用高质量的,质地粗劣的廉价品会损坏领带。

使用领带夹要注意夹的部位。一般来讲,对于5粒扣的衬衫,将领带夹夹在第3粒与第4粒纽扣之间;6粒扣的衬衫,夹在第4粒与第5粒扣子之间。还有一条规则,就是系上西装上衣的第一粒纽扣尽量不要露出领带夹。

现在越来越多的白领人士已不用领带夹,他们选择把窄的一片放到宽的一片背部的商标里。因为,无论多么高级的领带夹,使用不当,都有可能损坏领带。

⑥结法:挺括、端正,外观呈倒三角形。

4.西裤

(1)因西装讲究线条美,所以西裤必须有中折线。

(2)西裤长度以前面能盖住脚背,后面能遮住1cm以上的鞋帮为宜。

(3)不能随意将西裤裤管挽起来。

5.西装配套的皮鞋和袜子

(1)皮鞋。

首先,穿整套西装一定要穿皮鞋,不能穿旅游鞋、便鞋、布鞋或凉鞋,否则会显得不伦不类,令人发笑。

其次,在正式场合穿西装,一般穿黑色或咖啡色皮鞋较为正规。但需要注意的是,黑色皮鞋可以配任何颜色的西装套装,而咖啡色皮鞋只能配咖啡色西装套装。白色、米黄色等其他颜色的皮鞋均为休闲皮鞋,只能在游乐、休闲的时候穿着。

(2)袜子。

穿整套西装一定要穿与西裤、皮鞋颜色相同或较深的袜子,一般为黑色、深蓝色或藏青色,绝对不能穿花袜子或白色袜子。

另外,男子袜子的质地一般以棉线为宜,长度要高及小腿部位,不然坐下后会露出皮肉,非常不雅观。

6.西装的扣子

单排扣的西装穿着时可以敞开,也可以扣上扣子。照规矩,西装上衣的扣子在站着的时候应该扣上,坐下时才可以敞开。单排扣西装的扣子并不是每一粒都要系好的:单排扣1粒的扣子扣与不扣都无关紧要,但正式场合应当扣上;2粒的应扣上上面的1粒,底下的1粒为样扣,不用扣。3粒扣子的扣上中间1粒,上下各1粒不用扣。

双排扣的西装要把扣子全系上。

西装背心的扣子。西装背心有6粒扣与5粒扣之分。6粒扣的最底下的那粒可以不扣,而5粒扣的要全部扣上。

7.西装的口袋

西装讲求以直线为美。所以,西装上面有很多口袋为装饰袋,是不能够装东西的。如果在穿西装时,一个劲地往口袋里装,将西装弄得鼓鼓囊囊,就会破坏西装直线的美感,既不美观,又有失礼仪。

上衣口袋。穿西装尤其强调平整、挺括的外观,要求线条轮廓清楚,伏贴合身。这就要求上衣口袋只做装饰,不可以用来装任何东西,但必要时可装折好花式的手帕。

西装左胸内侧衣袋,可以装票夹(钱夹)、小日记本或笔。右胸内侧衣袋,可以装名片等。

裤兜也与上衣袋一样,不能装物,以求裤型美观,但裤子后兜可以装手帕、零用钱等。

千万要注意的是,西装的衣袋和裤袋里不宜放太多的东西;把两手随意插在西装衣袋和裤袋里,也是有失风度的。

如要携带一些必备物品,可以装在手提袋或手提箱里,这样不但看起来干净利落,也能防止衣服变形。

8. 男士着西装"三个三"

正式社交场合,男士着西装如何体现自身的身份和品位?

(1)三色原则。

正式场合,着西装套装全身上下不宜超过三种颜色。

(2)三一定律。

着西装正装,腰带、皮鞋、公文包应保持同一颜色:黑色。

(3)三大禁忌。

西装左袖的商标没有拆,穿白色袜子、尼龙袜子出现在正式场合,领带的打法出现错误。

八、女士套裙

职场上的女士套装最初与男士西服套装样式相同,只是尺寸有变,后来演变出更为流行的女士套裙。女士套裙是指女士西装上衣和与之同时穿着的裙子是成套设计制作而成的,如图2-27所示。

1. 套裙的选择

(1)面料:女士套裙面料选择的余地要比男士西装大得多,但宜选纯天然质地且质量上乘的面料。上衣、裙子、背心要求同一面料。

女士套裙面料讲究均匀、平整、滑润、光洁、丰厚、柔软、悬垂、挺括,不仅要求弹性好、手感好,而且要求不起皱、不起毛、不起球。

可选纯毛(薄花呢、人字呢、女士呢、华达呢、凡尔丁、法兰绒)、府绸、丝绸、亚麻、麻纱、毛涤、化纤面料,绝对不可选皮质面料。

(2)颜色:以冷色调为主,以体现着装者典雅、端庄、稳重的气质,颜色要求清新、雅气而凝重,忌鲜艳色、流行色。

与男士西装不同,女士套裙不一定非要深色。各种加入

图2-27 女士套裙

模块2 日常服务礼仪

了一定灰色的颜色都可选,如藏青、炭黑、烟灰、雪青、茶褐、土黄、紫红等,且不受单一色限制,可上浅下深、下浅上深。但需要注意的是,全身颜色不应超过三种。

(3)图案:讲究朴素简洁,以无图案最佳,或者选格子、圆点、条纹等图案。

(4)点缀:不宜添加过多点缀,以免琐碎、杂乱、低俗、小气,有失稳重;有贴布、绣花、花边、金线、彩条、扣链、亮片、珍珠、皮革等点缀的不选。

(5)尺寸:包括长短和宽窄两方面。

传统观点认为:裙短则不雅,裙长则无神。

目前,女子裙子一般有三种形式:及膝式、过膝式、超短式。(白领女性超短裙裙长应不短于膝盖以上15cm)

四种基本形式:上长下长式、上长下短式、上短下长式、上短下短式。

从宽窄的角度讲,上衣可分为松身式、紧身式(倒梯形造型)两种,前者时髦,后者比较正统。

(6)造型:四种。

①H形。上衣宽松,裙子为筒式。(让着装者显得优雅、含蓄,为身材肥胖者遮掩劣势)

②X形。上衣紧身,裙子为喇叭状。(上宽下松,突出纤细的腰部)

③A形。上身紧身,下裙宽松式。(体现上半身的身材优势,又适当掩盖下半身身材劣势)

④Y形。上身松身式,裙子紧身式(以筒式为主)。(遮掩上半身短处,表现下半身长处)

(7)款式:衣领多样,衣扣多样(无扣式、单排式、双排式、名扣式、暗扣式),裙子形式多样(西装裙、一步裙、围裹裙、筒式裙、百褶裙、旗袍裙、开衩裙、A字裙、喇叭裙)。

2. 套裙的穿法

(1)大小适度:上衣最短齐腰,裙子可达小腿中部,袖长刚好盖住手腕;整体不过于肥大、紧身。

(2)穿着到位:衣扣要全部扣好,不允许随便脱掉上衣。

(3)考虑场合:适宜在社交场合穿,宴会、休闲等场合不宜。

(4)协调装饰:高层次的穿着打扮,讲究着装、化妆和佩饰风格的统一。

(5)兼顾举止。

3. 套裙的搭配

(1)衬衫:面料应轻薄柔软(宜真丝、麻纱、府绸、罗布、涤棉),颜色应雅致端庄(宜白色或单色不鲜艳者),无图案,款式保守。另须注意:衬衫下摆掖入裙内,纽扣系好,衬衫不能在公共场合直接外穿。

(2)内衣、衬裙:不外露、不外透,颜色一致、外深内浅。

(3)鞋袜:黑色牛皮为首选或与套裙颜色一致(但鲜红、明黄、艳绿、浅紫等不宜)。袜子应为单色,肉色为首选,还可选黑色、浅灰、浅棕。

注意:鞋、裙颜色必须深于或等同于袜子颜色。鞋袜大小适宜、完好无损,不可当众脱下,袜子不可随意乱穿(如以健美裤、九分裤当袜子穿),袜口不可暴露于外。

4. 职业女性着裙装"五不"准则

社会交往中,职业女性着裙装有如下"五不"准则:

(1)黑色皮裙不能穿。

(2)正式的、高级的场合不光腿,尤其是隆重正式的庆典仪式。

(3)袜子不能残破。

(4)不准鞋袜不配套。

(5)不能出现"三截腿"。

九、职业装着装规范

企业形象识别系统(Corporate Identity System,CIS 或 CI),包括企业理念识别、行为识别和视觉识别三个子系统。它的主要内涵是把企业文化、经营理念、管理行为融入现代商业策划设计和企业管理活动,使之系统化、规范化、标准化。CIS 对内规范企业行为、强化员工的凝聚力和向心力,使员工形成自我认同,提高工作热情,降低经营成本;对外则是传播企业理念和树立品牌形象,使社会公众对企业确立牢固的认知与信赖,避免认同危机,提高沟通的效率和效果,以取得更大社会效益与经济效益。

职业装在 CIS 中扮演着举足轻重的角色,因而显得极其重要。职业装是既能用于表明职业特征,又能用于工作的服装。职业装的穿着是一个企业的 GIS 的重要组成部分,铁路制服也属于职业装的范畴。

1. 职业装的特点

(1)实用性。

实用的职业装应适用不同的工作环境材料,要考虑材料的理论性能、生物性能、质感、加工性能等,要以工作特征为依据,使之结构合理、色彩适宜、经济耐用、物美价廉。

(2)艺术性。

艺术性的目的在于美化衣着者的形态特征,弥补人体美的不足,表示出衣着者的个性和气质,传达出行业、企业的形象,它对个人和行业形象是同等重要的。

(3)标识性。

标识性旨在突出社会角色与特定身份的标志及不同行业、岗位的区别,其作用在于:树立行业角色的特定形象,便于企业弘扬企业理念和精神,利于公众监督和内部管理,提高企业的竞争力。标识性可分为等级、场合、性别、身份等。通过款式与色彩搭配、服饰配件和企业标志的不同来实现。

(4)防护性。

防护性指如何保护作业人员身体不受作业环境中有害因素的侵害,以保证准确、安全、高效地完成任务,防护性的设计由面(辅)料、配件、附件、色彩组成。防护性设计合理,可最大限度地减少事故的发生及相关伤害。

(5)时代性。

时代性指将政治、经济、流行文化、文艺思潮等因素通过服装的颜色、造型、饰物等折射出来,时代特征既从服饰传统中吸收精华加以改造,又从众多外来服饰中汲取养分,适应现代,体现时尚,具有鲜明的时代特征及历史烙印。

2. 职业装的着装原则

(1)干净清爽。穿职业装必须努力使之保持干净清爽的状态。上班时穿的制服特别容易被弄脏,要定期或不定期换洗,一旦发现被弄脏,应尽快换洗。此外,与之配套的内衣、衬衫、鞋袜等也应定期进行换洗。

(2)熨烫平整。穿着职业装要整整齐齐,外观完好。由于职业装所采用的面料千差万别,并非所有的职业装都挺括悬垂、线条笔直,因此,在换洗职业装时必须将之熨烫平整。职业装如果皱皱巴巴、褶皱遍布,就会给人邋遢、消极、懒惰之感。

(3)扣好纽扣。穿着职业装要严守规矩,不可敞胸露怀,不系纽扣、领扣,给人散漫、自以为是的印象。

(4)不卷不挽袖筒、裤腿。穿着职业装要有整体造型,在工作中要尽量避免一些不雅的动作,如高卷袖筒、高挽起裤腿等。

(5)慎穿毛衣。职业装内慎穿厚的毛衣,毛衣宜薄而暖和;同时,毛衣的领口不可露在职业装的外面,应穿低V字领的毛衣。穿毛衣时,领带应置于毛衣和衬衫之间。

(6)巧配衬衫。职业装衬衫的搭配也相当重要。首先是衬衫颜色的搭配要与职业装相协调,一般白色最宜搭配。其次,衬衫的花色要暗,不可凌乱、不可花哨。最后,穿着衬衫时要将下摆束入外裤。

3. 职业装穿着的禁忌

(1)忌残破。

职业装不能太旧、有污渍,甚至残破。员工穿太旧的职业装会显得不精神,而且会影响企业形象。

(2)忌杂乱。

其一,职业装的穿着要整齐,不能有的穿,有的不穿,给人杂乱和企业要求不严之感;其二,职业装一定要整套穿,且要注意鞋袜、衬衣的搭配。一般来说,穿职业装时不能穿露趾的凉鞋,鞋跟太厚、太细的皮鞋;不能穿颜色鲜艳的或花色衬衫。

(3)忌过于鲜艳。

从制作的角度来讲,应该统一颜色,不能太鲜艳。一般要遵守三色原则,即颜色不能超过三种。

(4)忌过于暴露。

职业装在款式上要利于工作,时尚、新颖,但不能过于暴露。不能穿露脐装、露背装、低胸装、露肩装。职业装要四不露:不露胸、不露肩、不露腰、不露背。

(5)忌透视。

外衣的面料不能太薄,透出内衣会给人不雅的感觉。

(6)忌过于短小。

职业装不能太短小,如果太短小既不方便工作,也不雅观。

(7)忌过于紧身。

职业装太紧身不利于工作,要大小合身,穿着得体。

4. 女士职业装的选择

职业女性的穿着不能太随意,只能在规定范围内表现自己。所以,针对职业女性的身份,在选择职业装时,首先要考虑自己的气质风格、肤色、年龄和职业要求,并且能与自己的工作环境互相配合,充分体现出个人的职业素养。

(1)色彩的选择。

职业装色彩应该尽量选择中性色,可以从下列色系中选择服装:海军蓝、中度灰色、暗红、骆驼色、红褐色、黑色、米色、棕色、深灰褐色、深栗色、奶油色、橄榄色系列等。尽量避免俗艳的颜色,不要选择俗丽的、引人注意的色彩。

（2）款式的选择。

职业装应尽量选择平实、保守、简洁裁剪的款式。避免太紧的衣服,太亮、太薄、太透明的衣料,太累赘的服饰。慎着流行服装,不要穿式样、剪裁或设计太新潮的衣服。最时尚的款式是对上班族最不划算的投资,应该考虑便于经常穿着,并能常穿常新的款式。坚持穿略微宽松的职业装,但要合身,不要穿过紧、过松、过长、过短的不合体服装。

5. 铁路客运制服的特点

铁路路服,是铁路职工配发、穿戴的工作服。自1984年中国铁路改用西装式制服以来,历经1984式、1994式、1998式、2002式、2006式、2010式、2015式、2019式。铁道部办公厅于2010年下发《关于做好2010式铁路路服换装工作的通知》。换装范围是各单位在岗职工及运输生产一线工作岗位上的其他从业人员。路服制作费全部由企业承担,分4年均摊计入成本。其中,甲类人员是在站、车的客货运服务、运转第一线人员;乙类人员是机车司机、站段的技术保障人员、生产保障人员;丙类人员是除甲、乙类人员之外的其他职工。2020年,随着职业装的发展潮流不断改良,衬衣颜色从白到蓝,搭配定制路徽纽扣,做工精良、端庄时尚,衬托出铁路人奋发向上的精神面貌。铁路客运制服的特点如下：

（1）铁路客运形象识别主要通过铁路客运服务规范和服务行为来实现,而制服影响着铁路客运工作者的服务工作。

（2）铁路客运制服是功能性与审美性的和谐统一。不同的设计角度可以使铁路客运制服呈现出多样化的特性,并且能够使铁路客运制服在整体统一的前提下形成系列。因此,应从色彩搭配、材质选择、款式设计及配饰组合等诸多方面对铁路客运制服进行创新设计。

十、饰品礼仪

佩戴饰物要考虑人、环境、心情、服饰风格等诸多因素间的关系,力求整体搭配协调,遵守以少为佳、同质同色、符合身份的原则。男士可佩戴戒指、项链等,注重少而精,以显阳刚之气。女性饰物种类繁多,选择范围比较广,饰物的佩戴要与体型、发型、脸型、肤色、服装和工作性质相协调。铁路客运服务岗位上,除可戴手表(大的装饰表除外)外,一般不宜戴其他饰物。

1. 饰品佩戴的原则

（1）季节原则。饰品佩戴应考虑一年四季有别的原则。

夏季以佩戴色彩鲜艳的工艺仿制品为好,可以体现夏日的浪漫;冬季则佩戴一些金、银、珍珠等饰品为好,可以显现庄重典雅。

(2)场合原则。女士赴宴或参加舞会等,可以佩戴一些较大的胸针;平日上班或在家休闲时,可以佩戴一些小巧精致、淡雅的胸针、项链、耳环等。

(3)服饰协调原则。饰品佩戴应与服饰相配。一般领口较低的袒肩服饰必须配项链,而竖领上装可以不戴项链。项链色彩最好与衣服颜色相协调。穿运动服或工作服时可以不戴项链和耳环。戴坠子的耳环忌与工作服相配。

(4)体型相配原则。脖子粗短者,不宜戴多串式项链,而应戴长项链;相反,脖子较瘦细者,可以戴多串式项链,以缩短脖子长度。宽脸、圆脸和戴眼镜的女士,少戴或不戴大耳环和圆形耳环。

(5)年龄吻合原则。年轻女士可以戴一些夸张的无多大价值的工艺饰品;相反,年纪较大的女士应戴一些较贵重的、比较精致的饰品,这样显得庄重、高雅。

(6)色彩原则。戴饰品时,应力求同色,若同时佩戴两件或两件以上饰品,应使色彩一致或与主色调一致,千万不要打扮得色彩斑斓,像棵"圣诞树"。

(7)简洁原则。戴饰品的一个最简单原则就是少而精,忌讳把全部家当都往身上戴,就像个饰品推销商,除了给人以俗气平庸的感觉外,没有任何美感。

因此,佩戴饰品时,应根据以上几个原则选择出一件或两件最适合的饰品,以达到画龙点睛之效。

2. 女士饰品礼仪

女士饰品佩戴是服饰礼仪的重要组成部分。饰品不仅具有美化的功能,还能传播一定的信息,具有一定的象征意义。在社交场合,女士应了解饰品佩戴的一些特殊意义以及如何佩戴饰品的一些技巧。

(1)项链。

项链要与脸型相搭配。脸部清瘦且颈部细长的女性,戴单串短项链,脸部就不会显得太瘦,颈部也不会显得太长。脸圆而颈部粗短的女性,最好戴细长的项链,如果项链中间有一个显眼的大型吊坠,效果会更好。椭圆脸的女性最好戴中等长度的项链,这种项链在颈部形成椭圆形状,能够更好地烘托脸部的优美轮廓。颈部漂亮的女性可以戴一条有坠的短项链,以突出颈部的美丽。

就项链的选择而言,价格并不是主要的因素,不管是什么样的款式,与年龄、肤色、服装的搭配协调才是主要的。一般来说,上了年纪的人以选择质地上乘、工艺精细的金、白金的项链为好;而青年人选用质地颜色好、款式新的项链为佳,如骨制、珍珠制项链等。

(2)耳环。

身材短小的人,戴蝴蝶形、椭圆形、心形、圆珠形的耳环,显得娇小可爱。方脸型适宜佩戴圆形或卷曲线条吊式耳环,可以缓和脸部的棱角。圆脸型戴上"之"字形、叶片形的垂吊式耳环,在视觉上给人以修长感,显得秀气。心形脸宜选择三角形、大圆形等纽扣式样的耳环。三角脸型最好戴上窄下宽的悬吊式耳环,使瘦尖的下颌显得丰满些。戴眼镜的女士不宜戴大型悬吊式耳环,贴耳式耳环会令她们更加文雅漂亮。

耳环与肤色的配合也不容忽视。肤色较白的人,可选用颜色鲜艳一些的耳环。若肤色为古铜色,则可选用颜色较淡的耳环。如果肤色较黑,选戴银色耳环效果最佳。若肤色较黄,以古铜色或银色耳环为好。

(3)手镯与手链。

手镯与手链是一种套在手腕上的环形装饰品,它在一定程度上可以使女性纤细的手臂与手指显得更加美丽。

选戴手镯时应注意,如果只戴一个手镯,应戴在左手上;戴两个时可每只手戴一个,也可都戴在左手上,这时不宜戴手表;戴3个时应都戴在左手上,不可一手戴一个,另一手戴两个。手链一般只戴一条。

手镯与手链不是必要的装饰品,因此职业女性在工作时无须佩戴,也最好不戴。若出入写字楼时戴手镯,会显得不伦不类,容易被人取笑。

(4)戒指。

戒指应与指形相搭配。手指短小,应选用镶有单粒宝石的戒指,如橄榄形、梨形和椭圆形的戒指,指环不宜过宽,这样才能使手指看来较为修长。手指纤细,宜配宽阔的戒指,如长方形的单粒宝石,会使手指显得更加纤细圆润。手指丰满且指甲较长,可选取圆形、梨形及心形的宝石戒指,也可选用大胆创新的几何图形。

(5)胸针。

胸针是不可或缺的配饰,无论是艳丽的花朵襟针或是细闪烁的彩石胸针,只要花点心思配上简洁服饰,就足以令人一见难忘。

粉红色花胸针,其形态或娇艳欲滴或清丽脱俗,代表着不同气质的妩媚。襟花扣在线条明朗的毛绒大衣或柔软的针织毛衣上，女性的温婉娇媚油然而生，令人心花怒放。镶彩石蝴蝶型胸针，闪亮的银白、娇俏的粉红及柔和的天蓝拼合成缤纷璀璨的光华，跃动于蝴蝶的一双翅膀上，充满活泼动感，配净色上衣或为黑色连衣裙做点缀，倍显高贵大方。镶红色及透明钻石襟针，瑰丽浪漫的玫瑰红、晶莹剔透的透明构成典雅的贵族气质，其简约的设计衬托出清秀的脱俗气质。

3. 男士饰品礼仪

男士服饰的穿着固然重要，但饰品也不容忽视。下面介绍男士手表的基本佩戴礼仪。

佩戴手表，通常意味着时间观念强、作风严谨。在正式的社交场合，男士的手表往往能表示出他的身份。手表首选厚重坚固的机械表，清脆的走时声、精美的表型和手工无处不透着男性成熟与稳重的魅力。手表的厚重实际上是男士刚性的体现。

单元 2.3 行走礼仪

【知识目标】
1. 了解行走的基本要求及行走路线；
2. 了解进出电梯及进出房间礼仪的基本要求。

【技能目标】
1. 能够在客运服务工作中正确地行走；
2. 能够在客运服务工作中正确进出电梯及房间。

【素质目标】
1. 具有良好的服务态度意识；
2. 具有良好的行走习惯；
3. 具有较高的服务水准。

单元 2.1 仪容、仪态、仪表
单元 2.2 妆容服饰礼仪
单元 2.3 行走礼仪

思政园地 2-3

湖南 80 后高铁列车长　铁路上一道亮丽的风景线

在中国高铁上，活跃着一群美丽的"铁姐"，她们以勤恳温柔细致的服务和工作态度给人们留下了深刻的印象。80 后的李欣悦(见图 2-28)是广铁集团长沙客运段的一名"铁姐"。

图 2-28　李欣悦乘务班组值乘 G84 次列车工作

"女士们，先生们，旅行好！欢迎各位旅客乘坐由长沙南开往北京西的 G84 次列车……"温馨曼妙的声音萦绕于车厢每个角落，而播音的是来自长沙客运段动车一队 G1 组包乘组的列车长李欣悦。

19 岁入线，17 年以来，一直坚守在铁路客运工作第一线的 80 后列车长李欣悦，早已习惯了这样的工作方式。在长沙南站派班室，李欣悦正在向她的乘务班组布置当天值乘 G84 次列车的工作。当日 9 时，她将和同事们一起踏上驶向北京的行程。

2014 年，李欣悦经过全段层层筛选来到高铁动车队担任列车长，如今，已整整 9 年。她所在的 G1 组被广铁集团党委命名为"高铁姊妹花班组"党内优质服务品牌,被授予"巾帼标兵岗"荣誉称号,2017年又被铁总评为"全国铁路先进女职工集体"。她个人也多次被长沙客运段、广铁集团评为"十佳列车长"、先进工作者和先进女职工。

"以车为家,用心待客"是她的服务格言,更是她的工作写照。巡视车厢、检查车票,李欣悦每天在一组8节列车的车厢里往返走近2万步。17年以来,无论是酷暑难耐的夏天,还是寒风凛冽的冬天,李欣悦始终坚守在铁路一线服务旅客。

(摘编自《湘见》大湘网新闻中心)

单元基础知识

一、行走的基本要求与行走路线

(一)行走的基本要求

行走是铁路客运服务的基本活动方式之一,体现着铁路客运服务人员的基本形象。在工作过程中行走,应遵循一定的礼仪,体现出自尊自爱和以礼待人。行走时不但要注意步态优雅,在不同工作场合和不同条件下,还要讲究行走礼仪得体恰当。

1. 保持优雅的仪态

走路时不可弯腰驼背,弓着背走路,那是精神状态处于低潮或有自我防卫的心理等的表现。不可大摇大摆或左右摇晃,那是轻佻、浮夸,缺少教养的表现。双手反背在身后,那是傲慢、呆板的表现。脚拖在地面上等不良习惯都要纠正,走路时也不能把双手插在裤袋内。

2. 遵守社会公德

行走要遵守社会公德,不违反交通规则、不乱扔垃圾、不随地吐痰等。行走时不要吃食物,不要在路上久驻攀谈或是围观看热闹,更不能成群结队地在街上喧哗打闹,并且要让出盲道,切忌图快捷翻越绿化带、隔离栏。

3. 保持合适的距离

在行走中,应根据人与人之间不同的关系保持适当的距离。一是私人距离,即相距0.5m以内,仅适于关系密切的人,如亲人、恋人。要注意保持私人距离,不能表现得过分亲热,旁若无人,使别人难堪。二是社交距离,即相距0.5~1m,适于一般人之间交往。三是公众距离,相距3m左右,适于不相识的人之间相处。

行走体现着企业的形象和精神,所以要学会正确的走姿。正确的走姿是:上身挺直不动,两肩相平不摇,两臂摆动自然,两腿直而不僵,步幅适中均匀,两脚落地一线,如图2-29所示。男客运员要行如劲风,两脚跟交替前进在一线上(两条直线),两脚尖稍外展。女客运员要行如和风。两脚行走线迹应是正对前方成直线,而不是两平行线,也就是通常所说的"一字步"(一条直线)。因为踩两条平行线,臀部就会失去摆动,腰部会显得僵硬,失去步态的优美。

图 2-29　正确的走姿

此外还要注意正确的迈步姿势。正确的迈步姿势要求"行如风",是说人行走时如风行水上,有一种轻快自然的美。尤其是女性,她们有着健康而优美的曲线、迷人的体态和风姿,步态轻盈,袅袅婷婷,更是人们欣赏的焦点。

(二)行走路线

(1)行走路线要固定。在工作中行走时,行走的路线应尽量为直线。如果不是寻找失物,就不要在行进中左顾右盼、东张西望。

(2)靠右行走。在工作中行走时应自觉走在右侧,不要图方便逆向行走,妨碍别人。在路上多人并排行走时,位置排列也有一定要求,一般以右、以内为尊。行走分前后几排时,一般以前为尊。

(3)并行。两人并行的时候,右者为尊;两人前后行的时候,前者为尊;三人并行,中者为尊,右边次之,左边更次之;三人前后行的时候,前者就是最为尊贵的。如果道路狭窄又有他人迎面走来时,则应该退至道边,请对方先走。

(4)走廊行走要求。走廊一般较窄,行走时应单排行走,并靠走廊右侧。并排行走,挡住通道会显得失礼。在走两行时要注意放轻脚步和音量,以避免产生噪声,干扰别人。

(5)引领旅客的要求。在客运服务中,客运服务人员引领旅客到某处时,一般行走在旅客的右侧前方1m处,以不遮挡旅客视线为宜。行走时速度不要过快或过慢。遇转弯或上下台阶时,要礼貌提醒旅客。

二、走姿的训练方法

1. 行走辅助训练

(1)摆臂。人直立,保持基本站姿。在距离小腹两拳处确定一个点,两手呈半握拳状,斜前方均向此点摆动,由大臂带动小臂。

(2)展膝。保持基本站姿,左脚跟起踵,脚尖不离地面,左脚跟落下时,右脚跟同时起踵,两脚交替进行,脚跟提起的腿屈膝,另一条腿膝部内侧用力绷直。做此动作时,两膝靠拢,内侧摩擦运动。

(3)平衡。行走时,在头上放个小垫子或书本,用左右手轮流扶住,在能够掌握平衡之后,再放下手进行练习,注意保持物品不掉下来。通过训练,使背脊、脖子竖直,上半身不随便摇晃。

2. 迈步分解动作练习

(1)保持基本站姿,双手叉腰,左腿擦地前点地,与右脚相距一个脚长,右腿直腿蹬地,髋关节迅速前移重心,成右后点地,然后换方向练习。

(2)保持基本站姿,两臂体侧自然下垂。左腿前点地时,右臂移至小腹前的指定点位置。左臂向后斜摆,右腿蹬地,重心前移成右后点地时,手臂位置不变,然后换方向练习。

3. 行走连续动作训练

(1)左腿屈膝,向上抬起,提腿向正前方迈出,脚跟先落地,经足心、前脚掌至全脚落地,同时右脚后跟向上慢慢踮起,身体重心移向左腿。

(2)换右腿屈膝,与左腿膝盖内侧摩擦向上抬起,勾脚迈出,脚跟先着地,落在左脚前方,两脚间相隔一脚距离。

(3)迈左腿时,右臂在前;迈右腿时,左臂在前。

将以上动作连贯运用,反复练习。

三、进出电梯、出入房间

(一)进出电梯

电梯是大多数人生活中必不可少的工具,但懂得电梯礼仪和在乘坐电梯时注意电梯礼仪的人并不多,而电梯礼仪能让人在乘坐电梯时既安全又得体。

1. 搭乘电梯的一般礼仪

(1)电梯门口处,如有很多人在等候,此时请勿挤在一起或挡住电梯门口,以免妨碍电梯内的人出来,而且应先让电梯内的人出来之后方可进入,不可争先恐后。出入、等待电梯位置标识如图2-30所示。遇到老幼病残孕者,应让他们先行。如果电梯里人很多,不妨静候下一趟电梯。

(2)为了自己和他人的方便,切忌为了等人,让电梯长时间停在某一楼层,这样会引起其他旅客的不满。但也不要不等就在电梯门口的人,一上电梯就关门。

(3)靠电梯最近的人先上电梯,然后为后面进来的人按住"开门"按钮;当出去的时候,靠电梯门最近的人先走。男士、晚辈或下属应站在电梯开关处提供服务,并让女士、长辈或上司先行入电梯,自己随后进入。

(4)在电梯里,尽量站成凹字形,挪出空间,以便让后进入者有地方可站。进入电梯后,正面应朝电梯口,以免造成面对面的尴尬。在前面的人应站到边上,如果必要应先出去,以便让别人出去。人多的话,最好面向内侧或与别人侧身相向。下电梯前,应该提前换到电梯门口。

2. 与旅客共乘电梯

(1)伴随旅客或尊长来到电梯厅门前时:先按电梯呼梯按钮。轿厢到达厅门打开时:若旅客不到1人时,可先行进入电梯,一手按"开门"按钮,另一手按住电梯侧门,礼貌地说"请进",请旅客或尊长进入电梯轿厢。

(2)进入电梯后:按下旅客或尊长要去的楼层按钮。若电梯行进间有其他人员进入,可主动询问要去几楼,帮忙按下。电梯内可视状况是否寒暄,如没有其他人员时可略做寒暄,有外人或其他同事在时,可斟酌是否有必要寒暄。电梯内尽量侧身面对旅客。

a)

b)

图2-30 出入、等待电梯位置标识

(3)到达目的楼层:一手按住"开门"按钮,另一手做请出的动作,可说:"到了,您先请!"旅客走出电梯后,自己立刻步出电梯,并热诚地引导行进的方向。

3. 出电梯要注意的问题

(1)注意安全。

当电梯关门时,不要扒门或是强行挤入。在电梯人数超载时,不要心存侥幸,非进去不可。当电梯在升降途中因故暂停时,要耐心等候,不要冒险攀缘而行。

(2)注意出入顺序。

与不相识者同乘电梯,进入时要讲先来后到,出来时则应由外而里依次而出,不可争先恐后。如果别人挡住梯门,应礼貌地说:"对不起,请让一下。"切忌语言粗鲁,埋怨对方。与熟人同乘电梯,尤其是与尊长、女士、客人同乘电梯时,则应视电梯类别而定:进入有人管理的电梯时,应主动后进后出。进入无人管理的电梯时,则应当先进去、后出来,先进去是为了控制电梯,后出来也是为了控制电梯。

(二)出入房间

(1)进房前敲门。进房时不论房门是否开着,都要先敲门或按门铃,得到同意后,才可进入房门。贸然出入或者一声不吭,都显得冒冒失失。敲门要用食指和中指的指节,不要大力拍门或用其他物件敲门。

(2)以手开关。出入房门,务必要用手来开门或关门。用肘部顶、用膝盖拱、用臀部撞、用脚尖踢、用脚跟蹬等方式关门都是不好的做法。进房后可将门轻轻关上,不要任由房门自由开关。如是进入旅客房间服务,进门后应半闭房门。

(3)注意进出时的朝向。进出房间要注意始终面向房内的人,最好是反手关门、反手开门,尽量避免以背示人,这是一种尊敬对方的表现。

(4)注意进出房间顺序。无论进房间还是出房间,都应该主动打开房门,然后退在一侧,请尊长、女士和旅客先进先出。出入房间时,如遇他人与自己方向相反,一般的顺序是房内之人先出,房外之人后入。如果对方是尊者、女士、旅客,无论谁出谁入,均应对方优先。

实训任务单

任务名称	日常服务礼仪
课程思政目标	1. 树立正确的人生观； 2. 培养良好的日常行为礼仪习惯； 3. 培养良好的服务态度意识； 4. 具有较高的服务水准,善于与旅客沟通。
知识目标	1. 了解日常行为礼仪规范； 2. 熟悉仪容仪态仪表、妆容服饰礼仪、行走礼仪、交往礼仪的基本要求； 3. 掌握日常行为礼仪禁忌及注意事项。
技能目标	1. 能做到团结协作的基本要求； 2. 日常行为得当； 3. 能在模拟环境下按礼仪规范完成服务工作。
学习任务实施	过程设计
 学习途径载体 一、引领 以微笑融化陌生,用信任沟通心灵。 二、任务实施情况 角色演练 分组实施 	 铁路客运服务工作人员——身着制服,举止得体,你羡慕吗? 过去是她们　未来是你们 日常行为的基本要求和禁忌,符合日常行为礼仪规范和模拟环境、角色要求(设计不少于3项的礼仪展示过程),如下: (1)分组进行走姿训练,模拟不同的场景展示客运服务人员的站姿、坐姿、蹲姿、表情等礼仪。 (2)分组根据自身特点设计不同场景进行发型选择、化妆、服饰搭配等技能技巧展示。

续上表

学习任务实施	过程设计
	（3）分组进行走姿训练，模拟不同场景展示客运服务人员行走、进出电梯、出入房间等礼仪。 （4）模拟场景及设计对白，内容包括乘坐轿车、使用电话、拜访客人、赠送礼品等礼仪。 （5）出场后先由同学介绍剧情及人物角色。
小组讨论	创新发挥 　个人畅谈实训体会，教师总结，评选出最佳设计处理方案等。
完成情况评价	
学习反馈	综合教与学两方面，谈谈自己的收获和建议。

模块小结

本模块主要介绍了仪容、仪态、仪表及日常行为礼仪的基本常识与主要内容。本模块对站姿、坐姿、蹲姿、表情、行走等仪态礼仪的基本要求进行了介绍,讲解了头发养护、发型选择、化妆、服饰搭配等的礼仪要求。

通过本模块的学习,广大铁路客运职工可以对仪容、仪态、仪表、日常行为礼仪要求有细致的了解,对提升气质、拉近与旅客之间的距离有一定的帮助,同时可以对内融洽关系,对外树立企业形象,营造和谐的工作和生活环境。

思考与练习

一、填空题

1. 客运服务人员的仪表,不仅反映个人的精神面貌,更重要的是代表_____的形象。

2. 递物与接物是客运服务中常用的一种动作,应当_____递物、_____接物,表现出恭敬与尊重的态度。

3. _____是面部表情的核心。

4. 亲密距离在_____以内,属于私下情境。

5. 公共距离指大于_____的空间距离,一般适用于演讲者与听众、彼此极为生硬的交谈及非正式的场合。

6. 衬衫的袖口一般以露出西装袖口以外_____为宜。

7. 在客运服务中,客运服务人员引领旅客到某处时,一般行走在客人的右侧前方_____处,以不遮挡客人视线为宜。

二、判断题

1. 仪表美在一定程度上起到调整客运服务人员与旅客之间关系的作用,旅客求尊重心理会得到满足。（　　）

2. 铁路客运服务中女客运员常用的站姿是右手搭在左手上,将两脚平行分开,比肩略窄,双脚呈V字形和丁字形。（　　）

3. 社交距离为120～360cm,属于礼节上较为正式的交往关系。（　　）

4. 着装的仪式原则是指服装要与穿着场合的气氛相和谐,更要和欲达到的目的相一致。（　　）

5. 男士着装的整体要求是自然得体、协调大方。（　　）

6. 西裤长度以前面能盖住脚背,后面能遮住1.5cm以上的鞋帮为宜。（　　）

7. 两人并行的时候,左者为尊。（　　）

8. 进出房间要注意始终面向房内的人,最好是反手关门、反手开门,尽量避免以背示人,这是一种尊敬对方的表现。
( )

三、简答题

1. 仪态礼仪的基本要求有哪些?
2. 着装的注意事项有哪些?
3. 职业装的特点是什么?
4. 饰品佩戴的原则是什么?

四、训练

1. 训练化职业淡妆,按规范着职业装。
2. 训练铁路客运服务中的站姿、坐姿。
3. 训练铁路客运服务中的蹲姿、手势、递物接物。
4. 训练铁路客运服务中的表情控制。
5. 训练铁路客运服务中的行姿,进出电梯、出入房间礼仪。

模块 3 列车乘务服务礼仪

单元 3.1　旅客列车服务概述
单元 3.2　乘务礼仪程序及标准
单元 3.3　餐车礼仪
单元 3.4　列车礼仪文化

【模块导读】

简单地说,列车乘务员的工作主要是将旅客平安地从乘车站运送到旅行目的地,其间提供与旅客购买车票同一等级的服务。列车乘务员的工作繁杂,而且要求工作中特别注意服务礼仪的运用和规范,并不像人们想象中的那么轻松,相反是很辛苦的。本模块我们将共同了解列车乘务员的列车服务以及在服务过程中应当注意的礼仪细节。

【建议课时】

8 课时

【课前导学】

- 单元 3.1 旅客列车服务概述
- 单元 3.2 乘务礼仪程序及标准
- 单元 3.3 餐车礼仪
- 单元 3.4 列车礼仪文化

单元3.1 旅客列车服务概述

【知识目标】

1. 了解乘务人员的微笑、服务中语言的运用；

2. 了解乘务人员的基本站姿、走姿、坐姿、蹲姿、手势；

3. 了解乘务人员在工作以外的生活中应当掌握了解的礼仪规范。

【技能目标】

1. 掌握列车上各种旅客的服务需求；

2. 通过研究提出有针对性的服务方法；

3. 学会处理服务中的矛盾。

【素质目标】

1. 通过完成工作任务培养独立思考、学习的能力；

2. 培养良好的道德品质、良好的沟通协调能力和团队合作精神；

3. 培养勤于思考、刻苦钻研、勇于探索的良好作风。

 思政园地 3-1

图 3-1 列车长王蓉贴窗花

打造高速列车服务新形象

"用语言美、思想美、行为美,以'美'为时尚,打造高速列车服务新形象。"这是 G10 次高速列车组列车长王蓉(见图3-1)及班组春运以来服务高铁旅客的真实写照。

××年1月1日,正在值乘当班巡查车厢的列车长王蓉接到一旅客刘×成打来的十分焦急的电话,称刚坐 G10 次不慎将钱包落在 11 车 12B 座位上,王蓉立即与乘警赶至现场,经认真查找,在座位附近很不起眼、人们注意不到的角落找到其钱包。内有现金446元,×两张,×两张,找到钱包的同时,王蓉第一时间联系丢失物品的刘×成不要着急乘坐 G13 次返程,安慰他钱包找到了,将妥善保管,只管认领就是了。旅客刘×成抵达太原站后,手持感谢信,并当面向王蓉及班组同志致谢!

王蓉同志原担当 K602 次列车长,××年4月,开通首趟太原至京西动车组,她担当列车长;××年12月,她被选拔为高铁首发列车长,皆缘于工作标准高,以美为时尚,做"最美职工"。

模块3 列车乘务服务礼仪 | 81

作为高速列车列车长,她始终秉承这样的服务理念——"速度拉近距离,时间拉近你我"。针对高铁旅客对时间、效率和乘车舒适度要求高的特点,本着"打造高铁精品动车,追求卓越品牌服务"的宗旨,总结出瞬间感动旅客"三要素":真诚微笑、问候温馨、手势得体。以真诚打动人。

××年春运,她在班组中积极开展创"五星"活动,即"服务之星、安全之星、业务之星、感动之星、创新之星"。在她的影响带动下,她带过的班组中已有4位列车员考上列车长。王蓉自担任列车长以来,先后被路局授予"五四优秀团干部""建功立业先进班组""段先进生产者""三八红旗手""金牌列车长"等荣誉称号。将服务做成超值,传播"晋韵"文化,打造高速列车服务新形象,已成为王蓉新的不懈追求!

单元基础知识

一、乘务礼仪基本概念

乘务礼仪是指乘务员在服务过程中,与旅客交往时所体现出的精神风范和礼貌风范。好的乘务礼仪不仅能给人以优美的形象,使人愉悦,还能正确反映乘务工作的行为之美,更能树立企业形象,传播企业文化,进而带动整个社会的文明素质。

二、乘务人员的行为规范

(一)对于乘务人员站姿的基本要求

站姿是人的一种本能,是一个人站立的姿势,它是人们平时所采用的一种静态的身体造型,同时是其他动态身体造型的基础和起点。常言道,"站如松,坐如钟",这是中国传统的有关于形象的标准。人们在描述一个人生机勃勃、充满活力的时候,经常使用"身姿挺拔"这类词语。站姿是衡量一个人外表乃至精神的重要标准。优美的站姿是保持良好体型的秘诀。从一个人的站姿可以看出一个人的精神状态、品质和修养及健康状况。

1. 标准站姿

标准站姿应该是这样的:从正面观看,全身笔直,精神饱满,两眼平视,表情自然。两肩平齐,两臂自然下垂,两脚跟并拢,两脚尖张开60°,身体重心落于两腿正中;从侧面看,两眼平视,下颌微收,挺胸收腹,腰背挺直,手中指贴裤缝,整个身体庄重挺拔。采取这种站姿,不仅会使人看起来稳重、大方、俊美、挺拔,还可以帮助呼吸,改善血液循环,并在一定程度上缓解身体疲劳。

两脚跟相靠,脚尖展开45°~60°,身体重心主要支撑于脚掌、脚弓之上。两腿并拢直立,腿部肌肉收紧,大腿内侧夹紧,髋部上提。腹部、臀大肌微收缩并上提,臀、腹部前后相夹,髋部两侧略向中间用力。脊柱、后背挺直,胸略向前上方提起。两肩放松下沉,气沉于胸腹之间,自然呼吸。两手臂放松,自然下垂于体侧。脖颈挺直,头向上顶。下颌微收,双目平视前方。

站立的时间过长时,站姿的脚姿可以有一些变化:一是两脚分开,两脚外沿宽度以不超过两肩的宽度站立;二是以一只脚为重心支撑站立,另一只脚稍息,然后轮换。

在日常的公关与社交活动场所,良好的站姿是非常重要的。一般来说,标准的站姿关键要看三个部位:一是髋部向上提,脚趾抓地;二是腹肌、臀肌收缩上提,前后形成夹力;三是头顶上悬,肩向下沉。只有这三个部位的肌肉力量相互制约才能保持标准站姿。针对不同的群体,标准站姿的侧重点也不同。

根据以上标准站姿的要求,男性的标准站姿应该是身体立直,挺胸抬头、下颌微收、双目平视、两膝并严、脚跟靠紧,脚掌分开,呈V字形。挺髋立腰、吸腹收臀、双手置于身体两侧,自然下垂;或者是两腿分开,两脚平行,双腿分开的距离不能超过肩宽,双手在身后交叉,右手搭在左手上,贴在臀部(见图3-2)。同样,女性的标准站姿应该是双脚呈V字形,并且膝和脚后跟尽量靠拢;或者一只脚略向前,一只脚略向后,前脚的脚后跟稍稍向后脚的脚内侧靠拢,后腿的膝盖向前腿靠拢。

图3-2 男士站姿

这些站姿都是规范的,但要避免僵直硬化,肌肉不能太紧张,在站立的同时可以适宜地变换姿态,追求动感美。还要注意,站立时不要躬腰驼背或挺肚后仰,也不要东倒西歪地将身体倚在其他物体上,两手不要插在裤袋里或叉在腰间,也不要抱臂于胸前。

2. 不同场合站姿

针对不同的群体,所采取的标准站姿侧重点不同。同样,在不同的场合，人们所采用的站姿也有所区别。

当站着与人交谈时，如果空着手，则可双手在体前交叉，右手放在左手上。若手上拎着皮包，则可利用皮包摆出优美的姿势。此外，还要注意不要双臂交叉，更不要两手叉腰，或者将手插在裤袋里或下意识地做小动作，如摆弄手机、火机、香烟盒等。

当与外宾交谈时，要面向对方站立且保持一定的距离，太远或过近都是不礼貌的。站立的姿势要正，可以稍弯腰，但切忌身体歪斜，两腿分开的距离过大，或者倚墙靠柱、手扶椅背等不雅与失礼的姿态。

当向长辈、朋友、同事问候或做介绍时，不论握手或鞠躬，双足都应当并立，相距约10cm，且膝盖要挺直。

3. 站姿分类

站姿是影响个人仪态美最基础、最关键的因素，自然挺拔的站姿能给人一种可靠而干练的形象，所以商务人士、服务行业的从业人员尤其应该注意自己的站姿。一般说来，站姿可以根据从业人员的行业、岗位的不同而不同。

（1）正规站姿

正规站姿是抬头、目视前方、挺胸立腰、肩平、双臂自然下垂、收腹、双腿并拢直立、脚尖分呈V字形、身体重心放到两脚中间；也可两脚分开，比肩略窄，将双手合起，放在腹前或背后。

（2）背手站姿

背手即双手在身后交叉，右手放在左手外面，贴在两臂中间。两脚可分开也可并列，分开时，不得超过肩宽，脚尖展开，两脚夹角成60°，挺胸立腰，收颔收腹，双目平视。这种站姿优美中略带威严，易产生距离感，所以一般用于门卫和保卫人员。如果改为两脚并立，则突出了尊重的意味。

（3）叉手站姿

叉手站姿即两手在腹前交叉，右手搭在左手上直立。这种站姿，男性可以两脚分开，距离不超过20cm；女性可以用小丁字步，即一脚稍微向前，脚跟靠在另一脚内侧。除保持正确的站姿外，男性两脚分开，比肩略窄，将双手合起放于腹前；女性双腿并拢，脚尖分呈V字形，双手合起放于腹前。这种站姿端正中略有自由，郑重中略有放松。在站立中身体重心还可以在两脚间转换，以减轻疲劳，这是一种常用的接待站姿。叉手站姿如图3-3所示。

（4）背垂手站姿

背垂手站姿即一手背在后面，贴在臀部。另一手自然下

a)　　　b)

图3-3　叉手站姿

垂,手指自然弯曲,中指对准裤缝,两脚可以并拢也可以分开,还可以成小丁字步。男性多用这种站姿,显得大方、自然、洒脱。

以上这几种站姿密切地联系着岗位工作,若适当地在日常生活中运用,则会给人们挺拔俊美、庄重大方、舒展优雅、精力充沛的感觉。

4. 标准站姿训练方法

好的站姿能通过学习和训练获得。通过理论学习后,我们还要在生活中加以训练。利用每天的空闲时间练习 20min 左右,效果会非常明显。通常,标准站姿的训练方法有以下两种:

其一是贴墙直立,即背着墙站直,全身背部紧贴墙壁,然后后脑勺、肩、腰、臀部及脚后跟与墙壁间的距离尽可能地减小,让头、肩、臀、腿之间纵向连成直线。

其二是头顶书本,也就是把书放在头顶上行走,不要让它掉下来,这样会很自然地挺直脖子,收紧下巴,挺胸挺腰。

要拥有优美的站姿,就必须养成良好的习惯,长期坚持。站姿优美,身体才会得到舒展,且有助于健康;若看起来有精神、有气质,那么别人能感觉到你的自重和对别人的尊重,并容易引起别人的注意力和好感,有利于给人留下美好的第一印象。

5. 错误站姿

好的站姿可以让身体各个关节均匀受力,从而不会让某些特定的关节承担大部分的重量。但不良的站姿则会影响到体内的血液循环,可能会压迫内脏,导致消化不良。不管在形体上还是在外貌上,不良的站姿都会对人体产生消极的影响。

(1) 弯腰驼背

在站立时,一个人如果弯腰驼背,除去其腰部弯曲、背部弓起之外,通常还会伴有颈部弯缩、胸部凹陷、腹部凸出、臀部撅起等其他的不良体态。它显得一个人缺乏锻炼、无精打采,甚至健康不佳。

(2) 手位不当

在站立时,必须注意以正确的手位去配合站姿。若手位不当,则会破坏站姿的整体效果。站立时手位不当主要表现为:一是双手抱在脑后,二是用手托着下巴,三是双手抱在胸前,四是把肘部支在某处,五是双手叉腰,六是将手插在衣服或裤子口袋里。

(3)脚位不当

在正常情况下,V字步、丁字步或平行步均可采用,但要避免人字步和蹬踩式。人字步也就是内八字步;蹬踩式指的是在一只脚站在地上的同时,把另一只脚踩在鞋帮上或是踏在其他物体上。

(4)半坐半立

在正式场合,必须注意坐立有别,该站的时候就要站,该坐的时候就要坐。在站立之际,绝不可以为了贪图舒服而擅自采用半坐半立之姿。当一个人半坐半立时,不但样子不好看,而且会显得过分随便。

(5)身体歪斜

站立时身体不能歪歪斜斜。若身躯明显地歪斜,如头偏、肩斜、腿曲、身歪或是膝部不直,不但会直接破坏人体的线条美,而且会使自己显得颓废消沉、萎靡不振或自由放荡。

(二)对于乘务人员行姿的基本要求

行姿是一种动态的姿势,在很多时候,行姿又称为走姿。它以人的站姿为基础,实际上属于站姿的延续动作。行姿可以展现人的动态美。在日常生活或公众场合中,走路都是浅显易懂的肢体语言,它能够将一个人的气质与素质表现出来。

对行姿的要求虽不一定非要做到古人所要求的"行如风",至少也要做到不慌不忙、稳重大方。当然,不同情况对行姿的要求是不同的。一般来说,标准的行走姿势要以端正的站立姿态为基础。

1. 行姿分类

常见的行姿有以下几种:随意步、舞台步、旗袍步、时装步、体操步、上定步等。在乘务工作中常见的行姿是一字步行姿(见图3-4)。一字步行姿的要领是:行走时两脚内侧在一条直线上,两膝内侧相碰,收腰提臀、挺胸收腹,肩外展,头正颈直,微收下颌。步速125~130步/min。步行标准每一步为自己一脚长或1.5个脚长。

2. 基本要领

(1)头正:双目平视,收颌,表情自然平和。

(2)肩平:两肩平稳,防止上下前后摇摆。双臂以大臂带动小臂前后自然摆动,向前摆幅为30°,后摆不超过臀部的后缘,两手自然弯曲,在摆动中离开双腿不超过一拳的距离。

(3)挺躯:上身挺直,收腹立腰,重心及时前移。

图3-4 一字步行姿

(4)步位直:男子行走时一般要求两脚跟先着地,两脚尖略外展;两脚跟交替落在两条平行线上;女子行走时的步位要求脚跟先着地,两脚尖略向外展,两脚跟内侧交替落在一条直线上。

(5)步速平稳:对于每个人来讲,在不同的场合与环境中,步速可以有变化。但在某种特定的场合中,应当使步速保持相对均匀与平稳,不要忽快忽慢。在正常情况下,步速要自然舒畅,显得成熟、自信。

(6)步幅适度:步幅大小往往因人而异,但对乘务人员来讲,行进时的最佳步幅应为本人的一脚的长度(在运行的列车上,由于车厢晃动,应以行走平稳、安全为主适当调整步幅)。

(7)走路用腰力才有韵律感。如果走路时腰部松懈,就会有吃重的感觉,不美观;如果拖着脚走路,更显得没有朝气,十分难看。优雅的步姿有以下口诀:"以胸领动肩轴摆,提髋提膝小腿迈,跟落掌接趾推送,双眼平视背放松。"走路的美感产生于下肢的频繁运动与上体稳定之间所形成的对比和谐以及身体的平衡对称。要做到出步和落地时脚尖都正对前方,抬头挺胸,迈步向前。

3. 接待旅客时行姿注意事项

乘务人员在服务过程中行走时应注意,最忌步态不雅,走成内八字和外八字;不要弯腰驼背、歪肩晃膀;不要步子太大或太碎,更不能奔来跑去;走路时不要大甩手,扭腰摆臂,左顾右盼;不要双腿过于弯曲,走路不成直线;不要脚蹭地面;不要横冲直撞,行进中一定要目中有人,尽量减少在人群中穿行的机会;不要双手插裤兜;不要阻挡道路,多人一起行走不要排成横队;不要悍然抢行,有急事要超过前面的行人,不得跑步,可以大步超过并转向被超越者道歉;行进中服务人员应有意识使之悄然无声,不应制造各种噪声。

(1)陪同引导。作为服务人员,应走在旅客的左侧前方约1m的位置;本人的行进速度须与服务对象的相协调,不能走得太快或太慢;行进中一定要处处以对方为中心,经过拐角、楼梯等处,要有及时关照提醒,绝不可以不吭一声,而让对方茫然无知或不知所措;陪同引导时,要采用正确的体位;请对方开始行进时,应面向对方,稍许欠身,行进中与对方交谈或答复问题时,应以头部、上身转向对方。

(2)楼梯引导。礼让服务对象,上楼时请服务对象前行,下楼时请服务对象后行。

(3)进出电梯。以礼相待,请服务对象先进先出,服务人员站在门口礼让服务对象并顺势做出"请"的动作。

(4)出入房门。引领服务对象出入房门要先通报;要以手开关;要反手开关门,面向他人;礼让服务对象,请服务对象先进先出;要为服务对象拉门。

(三)对于乘务人员坐姿的基本要求

文雅的坐姿不仅给人以沉着、稳重、冷静的感觉,也是展现自己气质和风度的重要形式。

1. 男士基本坐姿要求

(1)入座时要轻、稳、缓。走到座位前,转身后轻稳地坐下。如果椅子位置不合适,需要挪动椅子的位置,应当先把椅子移至欲就座处,然后入座。

(2)身体重心应该垂直向下,腰部挺直,两腿略分开,与肩膀同宽,看起来不至于太过拘束。

(3)坐在沙发上时,姿势应端正,态度安详,整个身体不要往内靠。

(4)头部要保持平稳,目光平视前方,神态从容自如,脸上保持轻松和缓的笑容。

(5)双肩平正放松,两臂自然弯曲,放在腿上,也可放在椅子或是沙发扶手上,以自然得体为宜,掌心向下(见图3-5)。

(6)两膝间可分开一拳左右的距离,脚态可取小八字步或稍分开,以显自然洒脱之美,但不可尽情打开腿脚,那样会显得粗俗和傲慢。如长时间端坐,可双腿交叉重叠,但要注意将上面的腿向回收,脚尖向下。

(7)两脚应尽量平放在地上,大腿与小腿成直角,双手以半握拳的方式放在腿上或是椅子的扶手上。

(8)如果是侧坐,应该将上半身与腿同时转向一侧,面部仍是正对正前方,双肩保持平衡。

(9)坐在椅子上,应至少坐满椅子的2/3,宽座沙发则至少坐1/2。落座后至少10min不要靠椅背。时间久了,可轻靠椅背。

(10)谈话时应根据交谈者方位,将上体双膝侧转向交谈者,上身仍保持挺直,不要出现自卑、恭维、讨好的姿态。

(11)离座时要自然稳当,右脚向后收半步,而后站起。

2. 女士基本坐姿要求

(1)入座时要轻稳,走到座位前,转身后退,轻稳地坐下。如果是穿着裙装,应用手将裙子稍稍拢一下,不要坐下后再

图3-5 男士基本坐姿

拉拽衣裙,那样不优雅。

(2)上体自然坐直,立腰,双肩平正放松。

(3)两臂自然弯曲放在膝上,也可以放在椅子或沙发扶手上,掌心向下。

(4)双膝自然并拢,双脚平落在地上。

(5)坐在椅子上,至少应坐满椅子的2/3,脊背轻靠椅背。

(6)端坐时间过长时可换一下姿势:将两腿并拢,两脚同时向左或向右放,两手叠放,置于左腿或右腿上,形成优美的S形;也可以两腿交叉重叠,但要注意将上面的小腿回收,脚尖向下(见图3-6)。

(7)坐姿的选择还要考虑椅子的高低以及有无扶手和靠背,两手、两腿、两脚还可有多种摆法,但两腿叉开或呈四字形的叠腿方式是很不合适的。

(8)起立时,右脚向后收半步,然后站立。

3. 入座后的8种坐姿

(1)标准式

男女皆有。这种坐姿的要求是:上身挺直,双肩平正,两臂自然弯曲,两手交叉叠放在两腿中部或扶手上,并靠近小腹。男士两脚自然分开,成45°;女士两膝并拢,小腿垂直于地面,两脚保持小丁字步。

(2)前伸式

男女皆有。这种坐姿的要求是:在标准式的基础上,两小腿向前伸出,两脚并拢,脚尖不要翘。

(3)前交叉式

男女皆有。这种坐姿的要求是:在前伸式的基础上,右脚后缩,与左脚交叉,两踝关节重叠,两脚尖着地。

(4)屈直式

男女皆有。这种坐姿的要求是:右脚前伸,左小腿屈回,大腿靠紧,两脚前脚掌着地,并在一条直线上。

(5)后点式

女士专有。这种坐姿的要求是:两小腿后屈,脚尖着地,双膝并拢。

(6)侧点式

女士专有。这种坐姿的要求是:两小腿向左斜出,两膝并拢,右脚跟靠拢左脚内侧,右脚掌着地,左脚尖着地,头和身躯向左斜。(注意:大腿、小腿要成90°,小腿伸直,显示小腿长度。)

图3-6 女士基本坐姿

(7) 侧挂式

女士专有。这种坐姿的要求是：在侧点式的基础上，左小腿后屈，脚绷直，脚掌内侧着地，右脚提起，用脚面贴住左踝，膝和小腿并拢，上身右转。

(8) 重叠式

重叠式也叫"二郎腿"或"标准式架腿"等。男女皆有。这种坐姿的要求是：在标准式的基础上，两腿向前，一条腿提起，腿窝落在另一腿膝上面。要注意上面的腿向里收，贴住另一腿，脚尖向下。

4. 坐姿注意事项

女士入座后，腿位与脚位的放置有所讲究，以下 3 种坐姿可供参考：

(1) 双腿垂直式。小腿垂直于地面，左脚跟靠定于右脚内侧的中部，双脚之间形成 45°左右的夹角，但双脚的脚跟和双膝都应并拢在一起。这种坐姿给人以诚恳的印象。

(2) 双腿斜放式。双腿并拢后，双脚同时向右侧或左侧斜放，并与地面形成 45°左右的夹角，适用于较低的座椅。

(3) 双腿叠放式。双膝并拢，小腿前后交叉叠放在一起，自上而下不分开，脚尖不宜跷起。双脚的置放视座椅高矮而定，可以垂放，也可与地面呈 45°角斜放。采用此种坐姿，切勿双手抱膝，穿超短裙者宜慎用。

（四）对于乘务人员蹲姿的基本要求

1. 蹲姿要领

下蹲时一脚在前，一脚在后，两腿向下蹲，前脚全着地，小腿基本垂直于地面，后脚脚跟提起，脚尖着地。女性应靠紧双腿，男性则可适度地将其分开。臀部向下，基本上以后腿支撑身体（见图 3-7）。

(1) 适用情况：整理工作环境，给予客人帮助，提供必要服务，捡拾地面物品，自我整理装扮。

(2) 注意事项：不要突然下蹲，不要距人过近，不要方位失当，不要毫无遮掩，不要蹲着休息，不随意滥用，等等。

2. 常用蹲姿

交叉式蹲姿是在实际生活中常常会用到的蹲姿，如集体合影，前排需要蹲下时，女士可采用交叉式蹲姿，下蹲时右脚在前，左脚在后，右小腿垂直于地面，全脚着地。左膝由后面伸向右侧，左脚跟抬起，脚掌着地。两腿靠紧，合力支撑身体。臀部向下，上身稍前倾。

a)

b)

图 3-7　蹲姿

高低式蹲姿,下蹲时右脚在前,左脚稍后,两腿靠紧向下蹲。右脚全脚着地,小腿基本垂直于地面,左脚脚跟提起,脚掌着地。左膝低于右膝,左膝内侧靠于右小腿内侧,形成右膝高左膝低的姿态,臀部向下,基本上以左腿支撑身体。

(五) 对于乘务人员鞠躬的基本要求

1. 鞠躬要领

鞠躬前以基本服务站姿为基础,面带微笑,神态自然;鞠躬时要挺胸、抬头、收腹,自腰以上向前倾,上身抬起的速度要比下弯时稍慢一些。上身下弯时,首先看对方的眼睛,然后再看对方的脚,抬起上身后再次注视对方的眼睛。面对旅客,脚跟并拢、双脚脚尖处微微分开,身体直立。男性双手放在身体两侧,女性双手相握,放于体前。行礼时以髋关节为轴,上身前倾,视线落于自己脚前 1.5m 处(15°礼)、脚前 1m 处(30°礼)或脚前 0.5m 处(45°礼),成鞠躬姿势。前倾的速度应适中,之后抬头,身体和视线还原于开始姿态,动作可稍慢(见图 3-8)。

2. 鞠躬分类

按照上身倾斜角度的不同,可以将鞠躬分为以下 3 种类型。

(1) 一度鞠躬:上身倾斜角度约为 15°,表示致意,用于一般的服务性问候。

(2) 二度鞠躬:上身倾斜角度约为 45°,表示向对方敬礼,常用于重要活动、重要场合中的问候礼节。

(3) 三度鞠躬:上身倾斜角度约为 90°,表示向对方深度敬礼和道歉,常用于中国传统的婚礼、追悼会等正式仪式,服务场合中很少使用。

3 种鞠躬类型适用于不同的情况,在日常工作中乘务人员最好使用一度鞠躬,在参加重要活动、接待重要旅客时可以选择使用二度鞠躬,三度鞠躬在服务工作中很少使用。

3. 注意事项

(1) 鞠躬不是单纯地点头,手一定要自然垂下,上半身向前直弯下去。

(2) 正确的呼吸决定能否有正确的鞠躬,随着上半身下弯吸气,倒下后数一、二、三吐气,接着一边吸气一边慢慢抬起上身。如果起身过快,就会显得草率。

(3) 鞠躬一次即可。不可连续、重复地施礼。

图 3-8 鞠躬

(六)乘务人员的语言规范

语言是沟通与服务的媒介和桥梁。恰当的服务语言体现着礼貌礼仪,会让人有良言一句三冬暖的感觉,也有化干戈为玉帛的功效。因此语言能力在建立良好的服务环境中起着至关重要的作用。

1. 服务语言的特点

(1)语言情感的运用。由于服务的主客体都是人,因此,服务语言必须体现浓厚的情感因素。旅客出行,无论出于何种原因,都需要情感享受。有感情的服务语言源于对旅客的尊重和理解,只有设身处地地体察旅客的情感需要,才能有真情实感的流露,才会有浓厚的感情色彩。

(2)语言文明的体现。铁路客运是面向社会的行业,是铁路文化的标志和窗口。乘务人员的语言文明素质不仅代表个人,更代表整个铁路运输行业的形象。从这个意义上讲,服务语言的文明十分重要。通常,谦辞敬语、温和委婉的语气更有利于体现语言文明。

(3)语言沟通的技巧。沟通,要反应灵活、巧妙、敏捷,善于随机应变。沟通,是服务的前提,了解需要,服务连接,情感交流,征求意见,都离不开沟通。要从旅客需要和接受能力出发,运用语言技巧,选择适当话题,找准表达角度。例如,对性格内向、稳定的旅客,要真诚质朴,亲切大方,不能模棱两可,力戒轻率怠慢。对个性秉直、活泼明快的旅客,要力求简洁,不要拐弯抹角,吞吞吐吐。对性格急躁、敏感多疑的旅客,要精细稳重,字斟句酌。

2. 选择服务语言的方法

(1)分清服务对象。旅客职业不同、年龄不同、性别不同、性格不同、兴趣爱好不同、文化修养不同,接收信息的方式也不同。因此,服务语言要因人而异。

(2)注意语言环境。有些语言必须注意表达环境及场合,不能在公众场合提出让旅客难堪、尴尬、涉及隐私的问题,同时,要注意服务用语表达的针对性与明确性,以免引起其他旅客的误解。

(3)形式服从内容。说明什么,表达目标要明确,对于列车提供的服务可以适当地加以修饰,渲染自己要表达的效果,但不能根据个人主观判断对服务形式原意进行曲解。

3. 礼貌语言的运用

礼貌语言,是乘务员必备的修养。运用文明礼貌用语已经成为现代铁路服务的重要文化内涵。

称谓标准:对旅客的统一称谓为:"各位旅客"。对旅客的个别称谓为:"同志""朋友""先生""女士"。称谓得体,可让旅客感到亲切;称谓不当,会引起旅客不悦甚至反感。通用方法是:

(1)考虑年龄。见到长者,呼尊称,如大爷、老大娘、老先生、您老、大叔、大婶。感觉年龄难以确定时要格外小心,称"同志""先生""女士"为宜。

(2)考虑职业。如果了解对方,称呼他的职衔比较亲切。比如,×老师、×教授、×科长、×总等。对外宾、侨胞,一般称呼先生、女士、小姐、太太、夫人比较好。

(3)考虑主次关系。当同时接待多名旅客时,要考虑称谓的顺序。一般规律为先长后幼、先上后下、先女后男、先疏后亲。

4.常用规范化语言

(1)常用礼貌用语。

①十字文明用语。十字文明用语是全国通用的文明用语,也是必须使用的文明用语。

"您好"——见面语,也是问候语。

"请"——谦让语,表示对旅客的欢迎。

"谢谢"——感谢语,答谢时用。

"对不起"——道歉语,影响他人时用。

"再见"——道别语,分手或期待重逢时用。

②其他常用礼貌词语。

初次见面:"久仰";请人勿送:"留步";请人帮忙:"劳驾";求人解答:"请教";赞人见解:"高见";托人办事:"拜托";客人来到:"光临";麻烦别人:"打扰";请人原谅:"包涵"。

(2)见面语。

与旅客见面,乘务员要主动、热情问候。

①在遇到旅客时。

7:00—9:30 说:"早上好!"

9:30—12:00 说:"上午好!"

12:00—18:00 说:"下午好!"

18:00—22:00 说:"晚上好!"

②平时遇到旅客时,须点头示意,或说:"您好!"

③见到熟识的旅客时说:"××先生/女士,很高兴再次见到您。"

④探望问候旅客时说:"欢迎您乘坐本次列车!""打扰了!"

⑤当被问候者不止一人、不能一一进行问候时说:"各位旅客大家好!/各位旅客好!/各位领导好!"

⑥问候重病或途中患病旅客时说:"您好点了吗?还需要我做什么?"

(3)招呼语。

①询问式招呼。

"我能为您做什么?""您需要帮助吗?"

②应答式招呼。

"好的,我明白,请您放心。""好的,不客气,我马上就办。""好的,没问题,请稍等。"

③致歉式招呼。

"请原谅,是我的疏忽。""对不起,我有责任。""对不起,打扰您了。""不好意思,服务不周。""照顾不周的,请您原谅。""服务不到,请多包涵。"

④安慰式招呼。

"请您稍等。""等一下,我马上就来。""让您久等了。""给您添麻烦了。""您辛苦啦。"。

(4)道别语。

道别语,表示对于旅客的祝愿和期望。常用道别语有"再见。""晚安。""祝您一路顺风。""欢迎下次乘坐本次列车。""欢迎提出宝贵意见。""领导再见。"

(5)道谢、道歉语。

道谢要发自内心,声音清晰,注视对方,语音适度,表示诚恳;道歉要挚诚,讲究方法,回报惊喜。常用语有:"谢谢!""失礼了!""请您原谅!""真过意不去!""对不起,打扰了!""对不起,实在抱歉""对不起,让您久等了!"

(6)赞美语。

赞美是让旅客满足和愉快的最好方法。常用的赞美语有"很好!""很不错!""太好了!""太美了!""非常聪明!""非常正确!""漂亮极了!"

(7)谦让语。

谦虚和恳切是对旅客的尊重,可以显示旅客的尊贵地位。使用时要注意,自谦要诚恳,不要装样子,对旅客使用敬语,对自己使用谦语。常用语有"请用茶。""请用餐。""请关照。""请留步。""请休息。""请指教。""您的要求,我马上落实。""您的指示,对我们启发很大,我们受益匪浅。""你的指示非常重要,我们回去向领导汇报,一定迅速落实"。

(8)询问语。

一般用"您"字开始,常用语有"您贵姓?""您老高寿?"

"您需要帮忙吗?""您需要什么?"等。

5. 言谈表情礼貌

言谈表情礼貌和旅客的言谈以及举止表情是有机联系的。为烘托谈话效果,需把握以下要点:

(1)表情自然,态度安详。全身放松,保持镇静,面部微笑,谈吐自然,头脑灵活,精力集中。

(2)神态专注,动作稳重。回答旅客询问时必须站稳,眼睛看着对方,不应心不在焉,动作不要过大,体现对旅客的尊重。

(3)音量适度,语速适中。和旅客交流,首先要让旅客听清楚,要看旅客的表情,抓住细微变化,做出适当调整。声音大了,对旅客不尊重;声音小了,旅客听不清。抑扬顿挫,保持节奏,比较有情调。

三、微笑服务规范

微笑服务既是一种职业要求,又标志着列车服务水平的高低,也是乘务员本身素质的外在表现。

微笑服务的"六个一样":

(1)领导在场和不在场一个样。

(2)对硬座车旅客和卧铺车旅客一个样。

(3)对本地旅客和外地旅客一个样。

(4)对国内旅客和外宾一个样。

(5)对大人、小孩一个样。

(6)主观上心境好坏一个样,都要笑脸相迎,礼貌相待。

四、文明的礼貌礼节

(一)乘务员的礼貌礼节

(1)不当着旅客的面吸烟或吃东西。

(2)当班不离岗、串岗、闲聊、交头接耳。

(3)旅客有事召唤,不能高声应答。旅客距离较远时,先点头示意,立即前去服务。

(4)旅客伸手示意时,应马上走过去。

(5)避免打扰旅客,做到说话轻、走路轻、干活轻。

(6)与旅客说话,以倾听为宜,切忌高声喊叫。

(7)皮鞋不钉铁掌,避免嘎嘎作响,发出噪声,影响旅客。

(8)需要进旅客房间时,要轻声敲门两下,得到允许后方可开门;离开时退着走出,轻轻把门关上(见图3-9)。

(9)请让旅客时,应首先关照老年人、妇女、儿童和残疾人。

(10)发现老年人或行动不便的旅客行走,要主动上前搀扶。

图3-9　入室敲门

(11)尊重各民族不同习俗。有些人忌说"13"这个数,有些民族称好不伸大拇指,还有些民族忌讳用左手和他人接触或用左手传递东西。这些习俗,乘务员都要知道,避免旅客误会。

(12)引导旅客时,应在左前方相距两三步远处,随旅客步伐轻松前进。遇到台阶、转弯处、障碍物时,应回过头来主动向旅客示意。

(13)迎客走在前,送客走在后。

(14)给客人递送物品,均用托盘。递送前,要进行检查:有没有水迹,摆放位置如何,各种标识是否符合要求。若上的茶杯有花形图案,带花的一面要面对旅客。注意观察旅客的习惯用手方向,将茶杯的把转向旅客的习惯用手一侧45°,方便旅客使用。

(15)给旅客续茶时,要先用无名指和小指夹住杯盖的凸钮,打开杯盖,右手拿起暖水瓶,往杯中续水。完毕后,盖好杯盖,摆放正确,再拧好暖水瓶,放回原处。

(16)软卧旅客去洗面间、卫生间,乘务员应主动介绍、提示引导。

(17)发现软卧旅客离开房间、硬卧旅客离开铺位时,乘务员要主动进行清扫整理。

(18)遇到旅客路过,应微笑点头示意问候。

(19)在走廊过道,对迎面而来的旅客应主动让道。如同一方向,不得超过旅客,如有急事要打招呼"对不起,我能否先走一步"。旅客同意后,侧身通过。

(20)接待旅客时,不要主动伸手。如果旅客先伸手,应该迅速迎上去和旅客握手。

(21)为旅客服务时,不要抓头、挠痒、剔牙、抠鼻子、打喷嚏。如要打喷嚏,应用手帕捂着嘴,侧向一边,把声音降低到最低限度。

(22)旅客没有离开时,不得擅自离岗,更不许提前做清理物品和打扫卫生等结束性的工作。

(23)不许在值乘期间打手机,或者当着旅客的面打手机。

(二)握手礼貌礼节

握手是绝大多数国家见面和道别时的礼节。

1.握手方式

伸出右手,四指靠拢,拇指伸开,掌心向内,手掌应与地面垂直,手的大致高度与对方腰部上方持平,手指稍稍用力握对方的手掌。同时,上身略微前倾,双目注视对方,面带微笑,头要微低。

2.握手顺序

握手顺序的优先权在上级、长辈、女性一方。

(1)长幼之间握手,要等长者先伸手才能握手。

(2)男女之间握手,要等女性先伸手才能握手。

(3)上下级之间握手,要等领导先伸手才能握手。

3.握手力度

握手力度,一般以手指稍稍用力、对方的手掌有结实感为宜。

(1)男士与女士握手,用力轻一点、时间短一点。往往握住女士手指部分,表示尊重。

(2)老朋友重逢,可用力紧握,表示热情与信任。

(3)特殊情况,也可伸出左手,握住对方右手的手背,使劲地上下摆动,但不能握疼对方。

4.握手时间

(1)初次见面,一般控制在两三秒之内。

(2)老朋友、关系密切的,边握手边问候,时间可以长一些。

(三)餐桌礼貌礼节

1.餐前服务礼仪规范

(1)旅客到餐车用餐,应根据不同旅客的就餐需求安排合适的就餐座位并祝旅客用餐愉快。引领入座应一步到位,手势规范,走位合理,步幅适度。

(2)餐车应备足酒单、菜单,保证其整洁完好。餐车乘务员应选择合理的站位,目视旅客,用双手呈递酒单、菜单。服务的次序应符合中西餐就餐程序。

(3)旅客入座后,餐车乘务员应选择合理的站位,按次序为旅客铺入口布。铺入动作应轻巧熟练,方便旅客就餐。

向旅客推荐菜品时,应使用规范的手势,尊重旅客的饮食习惯,适度介绍酒水。

(4)书写菜肴订单时,乘务员应站立端正,将订单放在手中书写。下单前,应向旅客重复所点菜品名称,并询问旅客有无忌口的食品,有些西式菜品还应征求旅客对生、熟程度的要求。

2.餐间服务礼仪规范

(1)厨房出菜后,餐车应及时上菜。传菜时应使用托盘,托盘应干净完好,端送平稳。传菜员行走轻盈,步速适当,遇客礼让。

(2)乘务员应根据餐桌、餐位的实际状况合理确定上菜品。上菜时,应用双手端平放稳。跟配小菜和作料的,应与主菜一并上齐。报菜名时应吐字清晰、音量适中。

(3)摆放菜肴应实用美观,并尊重旅客的选择和饮食习惯。所有菜肴上齐后,应告知旅客菜已上齐,并请旅客慢用。

(4)需要分菜时,乘务员应选择合理的站位,手法熟练,操作卫生,分派均匀。

(5)乘务员应以尽量少打扰旅客就餐为原则,选择适当的时机撤盘。撤盘时,应遵循相关工作程序,动作轻巧,规范到位。

(6)为旅客提供小毛巾服务前,应对毛巾进行消毒,保证毛巾温度、湿度适宜,无异味。乘务员应随时巡台,及时撤下旅客用过的毛巾。

(7)餐车乘务员应随时观察旅客用餐情况,适时更换骨碟。更换骨碟时,应使用托盘,先征询旅客意见,得到许可后再服务。操作手法应干净卫生,撤换线路和新骨碟的摆放位置应方便旅客使用。

3.酒水服务礼仪规范

(1)乘务员应尊重旅客的饮食习惯,根据酒水与菜品搭配的原则,向旅客适度介绍酒水。下单前,重复酒水名称。多人选择不同饮品的,应做到准确记录,服务时正确无误。

(2)斟倒酒水前,乘务员应洗净双手,保证饮用器具清洁完好;征得旅客同意后,按礼仪次序依次斟倒。斟酒量应适宜。续斟时,应再次征得旅客同意。

(3)服务酒水时,乘务员应询问旅客对酒水的要求及相关注意事项,然后再提供服务。

(4)服务整瓶出售的酒品时,应先向旅客展示所点酒品,经确认后再当众开瓶。斟倒饮料时,应使用托盘。

(5)乘务员面客服务时,应操作卫生,手法娴熟。旅客间谈话时,乘务员应适时回避。旅客对所调制的酒水不满意时,应向旅客致歉,争取为旅客提供满意的服务。

(6)服务热饮或冷饮时,应预热杯具或提前为杯子降温,保证饮品口味纯正。服务冰镇饮料时,应擦干杯壁上凝结的水滴,防止水滴滴落到桌子上或旅客衣服上。

4. 餐后结账服务礼仪规范

(1)乘务员应随时留意旅客的用餐情况,旅客示意结账时,应及时提供服务。账单应正确无误,呈递动作标准、规范。

(2)旅客付账时,乘务员应与旅客保持一定距离,旅客准备好钱款后再上前收取。收取现金时应当面点验。

(3)结账后旅客继续交谈的,乘务员应继续提供相关服务。

5. 客房送餐服务礼仪规范

(1)送餐车应干净整洁,符合卫生要求。车轮转动灵活,推动方便,无噪声。餐具应与食物匹配,干净、整齐、完好。

(2)送餐员应站在离餐车一定距离处介绍菜品。送餐完毕,祝旅客用餐愉快。

(3)送餐时,如遇旅客着装不整,送餐员应在门外等候,等旅客穿好衣服后再进房送餐。

6. 特殊情况用餐服务礼仪规范

(1)接待要求比较特殊的旅客时,服务人员应耐心、诚恳。旅客对服务工作提出意见和建议时,应真诚地向旅客致谢。提供后续服务时,应保证服务态度和服务质量的一致性。

(2)有急事的旅客用餐时,乘务员应提供迅速便捷的服务,向旅客介绍容易制作、符合口味的菜品,告知旅客每道菜品所需的制作时间,并做好随时结账的准备。

(3)如乘务员因工作原因导致旅客衣物污损,应真诚地向旅客道歉并立即报告餐车长。

7. 残疾人服务礼仪规范

(1)问候肢体残疾的旅客时,乘务员应亲切友好,表情自然。旅客乘坐轮椅的,乘务员应保证平视旅客。问候视障旅客时,乘务员应在一定距离处通过声音提示让旅客及时辨听周围情况。提示时,要语气柔和,语调平缓,音量适中。问候听障旅客时,乘务员应微笑着注视旅客,通过眼神向旅客传递平等、友好的信息。

(2)为肢体残疾的旅客提供引领服务时,应走最短路线,做到列车平稳时适当关注,列车启、停、晃动时适当帮助。引领视障旅客行走时,应事先征得其同意。向视障旅客指示方向时,应明确告诉视障旅客所指人或物相对于他的方位,不使用指向性不明的表述。

(3)引领视障旅客入座时,应把视障旅客带到座椅旁,让视障旅客自己调整桌椅间的距离。

(4)肢体残疾的旅客到餐车用餐,乘务员应将旅客引至方便出入且安静的餐位。为肢体残疾的旅客服务时,餐具和食品应就近摆放。为视障旅客服务时,乘务员应阅读菜单,并细致解释,帮助视障旅客逐一摸到餐具的摆放位置。上菜时,应告诉旅客食物放置的相对位置,并随时帮助旅客。

(四)车厢服务礼节

1. 奉劝旅客相互谦让

(1)发现旅客出入不便时,乘务员要主动向阻挡的旅客打招呼:"对不起!""麻烦您……"

(2)列车超员,过道窄小,挤撞他人或跨越行李,都是不礼貌的行为。这时,列车员要多用谦语,做好劝说和疏通工作。

2. 善意提示

(1)发现旅客喧哗,要进行必要的提示:"今天您的心情真好,你们都是同行吧。大多数旅客都休息了,请您……"

(2)发现旅客喝醉时,要及时提示:"您的酒量真好,明天不是还要办事吗?还是早点休息吧!"

(3)发现小孩在车厢乱跑时,要提示家长:"列车有晃动,可要注意小孩安全。""多加小心,别挤着孩子手。""扶着点,可别摔着。"

单元 3.1　旅客列车服务概述
单元 3.2　乘务礼仪程序及标准
单元 3.3　餐车礼仪
单元 3.4　列车礼仪文化

单元3.2　乘务礼仪程序及标准

【知识目标】
1. 乘务人员一次乘务作业文明服务标准；
2. 乘务人员旅客列车服务质量规范。

【技能目标】
1. 完成旅客列车服务礼仪要求；
2. 处理一次乘务作业中的基本问题。

【素质目标】
1. 培养独立学习，与人合作，沟通交流的能力；
2. 培养相互帮助的精神，使之具有团队意识；
3. 培养勤于思考、刻苦钻研、勇于探索的良好作风。

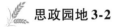思政园地 3-2

投身铁路，沉浸岗位，不负青春韶华

杨雪（见图3-10），南昌铁路局福州客运段高等级乘务车队的列车长。这位来自东北的漂亮姑娘曾经在福州—北京的列车软卧车厢当列车员。

图 3-10　杨雪工作照

软卧车厢列车员可是所有列车员的服务标杆，当一个班结束前，她都主动地到每个包厢征求旅客对自己的工作评价，并对旅客的建议进行消化吸收或向列车长提出改进建议。

对工作的用心让杨雪很快走上了管理岗位。

如今，杨雪又站在了讲台上，给新聘乘务员讲课。

模块 3　列车乘务服务礼仪 ｜ 101

让杨雪当"教头"是该段领导的创意,"聘用有指导性、示范性的优秀青年乘务员担当义务教员,可以提升教育成效,同龄人与同龄人之间有共同的语言表达方式,她们成长的历程对后来者更具影响力,也更有助于后来者健康、快速成长"。

杨雪的讲课让新乘务员们耳目一新,她讲到的每一个要点都是来自实践的体会和总结,为此她花费了大量的心思准备"课前作业",所展示的列车员在岗位上的作业内容都是她在原先所在班组记录的内容,每个动作的标准姿势都是她在原先所在班组拍摄的图片资料,图文并茂,加上自己生动的肢体语言的解读,更加深了学员的直观印象。室外气温接近40℃,教室内仅有几台吊扇在呼呼地转着,规范地穿着专用制服、连讲带示范的杨雪额头上不断地渗出汗水,她讲得很投入,学员听得很入神。

杨雪,在列车上挥洒自己的青春和汗水,立志为铁路事业谱写绚丽的华章。

单元基础知识

随着社会的进步和发展,高速铁路普遍投入运营,列车开行的质量不断提高,为更好地适应广大旅客的需求和规范客运管理与服务工作,必须进一步规范和明确铁路旅客运输服务标准。本节参照中国铁路总公司颁发的《铁路旅客运输服务质量规范》(自2015年1月1日起施行),对列车服务礼仪规范进行讲解。

一、学习认知各岗位作业标准

(一)动车组列车服务质量规范

1. 关于仪容、着装的要求(见图3-11)

(1)头发干净整齐、颜色自然,不理奇异发型、不剃光头。男性两侧鬓角不得超过耳垂底部,后部不长于衬衣领,不遮盖眉毛、耳朵,不烫发,不留胡须;女性发不过肩,刘海长不遮眉,短发不短于两寸。

(2)面部、双手保持清洁,身体外露部位无文身。指甲修剪整齐,长度不超过指尖2mm,不染彩色指甲。

(3)女性淡妆上岗,唇线与口红的颜色一致;眉毛修剪整

图3-11 仪容整洁,着装统一、整齐规范

齐,眉笔和眼线为黑色或深棕色;眼影的颜色与制服一致;使用清香、淡雅型香水。工作中保持妆容美观,端庄大方。补妆及时,在洗手间或乘务间进行,不浓妆艳抹。

(4)换装统一,衣扣拉链整齐。着裙装时,丝袜统一,无破损。系领带时,衬衣束在裙子或裤子内。外露的皮带为黑色。佩戴的外露饰物款式简洁,限手表一只、戒指一枚,女性还可佩戴发夹、发箍或头花及一副直径不超过3mm的耳钉。不歪戴帽子,不挽袖子和卷裤脚,不敞胸露怀,不赤足穿鞋,不穿尖头鞋、拖鞋、露趾鞋,鞋跟高度不超过3.5cm,跟径不小于3.5cm。

(5)佩戴职务标志,胸章牌(长方形职务标志)戴于左胸口袋上方正中,下边沿距口袋1cm处(无口袋的戴于相应位置),包含单位、姓名、职务、工号等内容。菱形臂章佩戴在上衣左袖肩下四指处。按规定应佩戴制帽的工作人员,在执行职务时戴上制帽,帽徽在制帽折檐上方正中。除列车长外,其他客运乘务人员在车厢内作业时可不戴制帽。

(6)餐车加热、供应餐食时,服务人员戴口罩、手套,女性穿围裙。

2.关于行为举止、服务态度的要求(见图3-12)

(1)使用普通话,表达准确,口齿清晰。服务语言表达规范、准确,使用"请、您好、谢谢、对不起、再见"等服务用语。对旅客称呼恰当,统称为"旅客们""各位旅客""旅客朋友",单独称为"先生""女士""小朋友""同志"等。

图3-12　态度和蔼

(2)旅客问询时,面向旅客站立(工作人员办理业务时除外),目视旅客,有问必答,回答准确,解释耐心。遇有失误时,向旅客表示歉意。对旅客的配合与支持表示感谢。

(3)坐立、行走姿态端正,步伐适中,轻重适宜。在旅客多的地方,先示意后通行;与旅客走对面时,要主动侧身面向旅客让行,不与旅客抢行。列队出(退)勤(乘)时,按规定线路行走,步伐一致,箱(包)在同一侧。

(4)立岗姿势规范,精神饱满。站立时,挺胸收腹,两肩平衡,身体自然挺直,双臂自然下垂,手指并拢贴于裤线上,脚跟靠拢,脚尖略向外张,呈V字形。女性可双手四指并拢,交叉相握,右手叠放在左手之上,自然垂于腹前;左脚靠在右脚内侧,夹角为45°,呈丁字形。

(5)列车进出站时,在车门口立岗,面向站台致注目礼,从列车进入站台开始,开出站台为止。办理交接时行举手礼,右手五指并拢平展,向内上方举手至帽檐右侧边沿,小臂成45°角。

(6)清理卫生时,清扫工具不触碰旅客及携带物品。挪动旅客物品时,应征得旅客同意。需要踩踏座席、铺位时,戴鞋套或使用垫布。占用洗脸间洗漱时,礼让旅客。清洁洗手间时,作业人员戴保洁专用手套。

(7)夜间作业、行走、交谈、开关门要轻。进包房先敲门,离开时应倒退出包房。

(8)不高声喧哗、嬉笑打闹、勾肩搭背,不在旅客面前吃食物、吸烟、剔牙齿和出现其他不文明、不礼貌的行为,不对旅客评头论足,接班前和工作中不食用异味食品。餐车对旅客供餐时,不在餐车逗留、闲谈、占用座席、陪旅客就餐。

(9)客运乘务人员进出车厢时,面向旅客鞠躬致谢。

3. 关于列车环境服务礼仪的要求

(1)通风系统作用良好,车内空气清新,质量符合国家标准。始发前对车厢进行预冷、预热,车内温度保持冬季18~20℃,夏季26~28℃。

(2)车内照明符合规定。夜间运行(22:00—次日7:00)时,座车关闭半夜灯;始发、终到站和客流量大的停站以及列车途经地区与北京时间存在时差时自行调整。

(3)列车广播(见图3-13)与列车视频播放。

图3-13 列车广播

①广播常播内容录音化,使用普通话,经停少数民族地区车站的列车可根据需要增加当地通用的民族语言播音,过港列车可增加粤语播音,直通列车可增加英语播报客运作业信息。

②广播语音清晰,音量适宜,用语准确,不干扰旅客正常休息。自动广播系统播报正确。

③视频系统性能良好,使用正常,始发前开启系统播放节目,播放内容符合规定并定期更新。

④广播、视频内容以方便旅行生活为主,介绍宣传安全常识和车辆设备设施的使用方法,提示旅客遵守安全乘车规定,播报前方停站、到站信息等内容,适当插播文艺娱乐、文明礼仪、沿线风光、民俗风情、餐食供应、广告等节目。

(4)关于饮用水及其他用水的供应。

①饮用水保证供应,途中上水站按规定上水;使用饮水机的应备有足量桶装水。

②列车始发后为特殊旅客送开水,途中有补水服务;售货车配热水瓶,利用售货时间为有需求的旅客提供补水服务。

(5)列车运行途中,洗手间吸污时或未供电时锁闭洗手间,其他时间不锁闭洗手间。洗手间锁闭时,为特殊情况急需使用洗手间的旅客提供方便。

(6)公共区域的电源插座应保证符合标示范围的旅行必需的小型电器正常使用。

(7)通过图形符号、电子显示、广播、视频、服务指南等方式宣传旅客运输服务信息及客运服务质量标准摘要,引导旅客自助服务。

(8)卧具终点站收取,贴身卧具一客一换。到站前提醒卧车旅客做好下车准备,不干扰其他旅客。夜间运行,卧车乘务员在边凳值岗,并定时巡视车厢。始发后和夜间客运乘务人员对卧车核对铺位。列车剩余铺位在列车办公席或指定位置公开发售,公布手续费收费标准。

(9)发现旅客遗失物品妥善保管,设法归还失主,无法归还时,编制客运记录交站处理。无法判明旅客下车站时,交列车终到站处理。

(10)根据旅客乘坐列车等级和席别提供相应服务。

①商务座车配有专职人员,主动介绍专项服务项目,提供饮品、餐食(见图3-14)、小食品、小毛巾、耳塞等服务。

图3-14 提供餐食服务

a. 饮品有茶水、饮料等,品种不少于6种,茶水全程供应。

b. 逢供餐时间的,免费供应餐食。供餐时间为:早餐8:00以前,正餐11:30—13:00,17:30—19:00。

c. 正餐以冷链为主,配用速溶汤,分量适中,可另行配备面点、菜品、佐餐料包等。品种不少于3种,配有清真餐食,定期调整。

d. 选用非油炸类点心、蜜饯类、坚果类等无壳、无核、无皮、无骨的休闲小食品,品种不少于6种,独立小包装。

②G字头跨局动车组特、一等座车提供饮品、小食品等服务,全程提供送水服务。

(11)全面服务,重点照顾。

①a. 无需求无干扰。通过广播、电子显示屏等方式宣传服务设备的使用方法,方便旅客自助服务。b. 有需求有服务。在各车厢电子显示屏公布中国铁路客户服务中心客户服务电话(区号+电话号码)。c. 实行首问首诉负责制。受理旅客咨询、求助、投诉,及时回应,热情处置,有问必答,回答准确;对旅客提出的问题不能解决时,指引到相应岗位,并做好耐心解释。

②重点关注,优先照顾,保障重点旅客服务。

a.按规范设置无障碍洗手间、座椅、专用座席等设施设备,并保障其作用良好。

　　b.对重点旅客做到"三知三有"(知座席、知到站、知困难,有登记、有服务、有交接);为有需求的特殊重点旅客联系到站提供担架、轮椅等辅助器具,及时办理站车交接。

　　③尊重民族习俗和宗教信仰。经停少数民族地区车站的列车可按规定在图形标志上增加当地通用的民族语言文字,根据需要增加当地通用的民族语言播音。

二、高铁、动车组乘务员作业标准

(一)发车准备作业

(1)准时到指定地点列队点名,参加出乘会,整理仪容仪表,接受列车长命令,确认担当乘务情况,检查设备性能,做到出乘准时。规定着装标志,做到仪容仪表规范,列队整齐,乘务包统一。

(2)列车进站前20min,随列车长统一列队在站台接车。做到资料携带齐全,设备状态良好,接车准时。出乘前准备工作如图3-15所示。

(二)始发站作业

1.始发站整备作业(见图3-16)

对列车保洁整备质量进行检查验收,并向列车长汇报检查情况。要做到检查认真,记录翔实,交接清楚。

2.始发站放客时作业(见图3-17)

(1)锁闭卧车与座车间的通过门。

(2)在指定车厢边门处(站台)立岗,引导重点旅客就位,指引旅客放置行李。要做到立岗及时,引导有序,安排妥善。

(3)确认旅客乘降完毕后,向列车长汇报。要做到确认旅客乘降完毕细致、汇报及时。

3.列车途中作业

(1)开车后作业(见图3-18)

①巡视车厢,检查行李摆放情况。车厢内行李摆放平稳,通道保持畅通;核对席位仔细;态度和蔼;登记及时,记录准确;减少对旅客的干扰。

图3-15　出乘前准备工作

图3-16　始发站整备作业

图3-17　放客后立岗作业

图 3-18　开车后作业

②根据剩余席位信息,协助列车长核对空余席位,查验车票并办理相关业务。卧车做好旅客乘车登记,掌握旅客去向。

③督促检查途中保洁作业质量,如实填写验收记录,及时跟踪整改情况。保洁卫生验收检查仔细,质量达标。

④掌握重点旅客动态,落实首问首诉负责制。重点旅客重点照顾,服务旅客耐心周到。

⑤发现设备故障,及时向列车长汇报。要确保设备作用良好。

⑥遇有列车晚点,做好旅客安抚和解释工作。要求解答问询耐心,解释安抚及时。

(2)中途停站作业

①到站前提前通报旅客做好下车准备。

②在指定车厢边门处(站台)立岗,引导重点旅客到位,指引旅客放置行李。做到到站立岗及时、引导有序、安排妥善。

③确认旅客乘降完毕后,向列车长汇报,做到准确及时。

④卧车更换中途下车旅客的卧具,卧具一客一换,卧车登记及时,记录准确(见图 3-19)。

图 3-19　途中卧具整理

⑤卧车做好中途上车旅客乘车登记,掌握旅客去向。

4. 终到作业

列车终到后,组织旅客下车:

(1)到站前提前通报旅客做好下车准备。

(2)到站后,在指定车厢边门处(站台)立岗,与旅客道别,协助重点旅客下车(见图 3-20)。做到立岗标准,主动热情,举止规范。

(3)旅客下车完毕,巡视检查车厢,发现旅客遗失物品,及时报告。做到动作迅速,检查仔细,上交及时。

图 3-20　协助重点旅客下车

5. 交接作业

(1)交接班时,清点备品(卧具),办理交接。做到清点准确,交接清楚,手续完备。

(2)交接完毕后,交班乘务组列队在指定位置处站台面向列车立岗,目送列车出站。

6. 退乘作业

(1)参加退乘会,听取列车长当趟乘务工作总结。

(2)在列车长的带领下列队退乘,队列整齐。

模块 3　列车乘务服务礼仪 | 107

三、技能实训:列车员一次乘务作业标准

(一)始发准备作业(见表3-1)

始发准备作业表　　　　　　　　　　　　　　　　　　　表3-1

项目	作业内容	服务标准
1.准备作业	(1)穿着规定服装、佩戴职务标志,做好个人仪容。 (2)按规定时间到指定地点列队点名,听取上级指示、工作布置和接受业务提问	(1)着装统一,仪容整洁,职务标志佩戴在左胸上方。 (2)准时到达,认真听记,接受提问,回答正确
2.接手列车	(1)与保洁人员按备品卡办理交接手续并签认,发现缺失、损坏时,及时向列车长汇报。 (2)检查客运服务设施设备运用状态和车内安全锤挂放情况,发现问题及时报告列车长	检查全面认真;工具、备品齐全完整;交接手续完备,不信用交接;设施设备作用良好
3.库内车容整备	(1)与库内保洁人员按整备出库标准逐项进行鉴定验收。 (2)落放车窗,整理窗帘,茶具消毒。 (3)整理卧具,铺茶几台布,摆放列车服务指南、果皮盘,灌满开水的暖水瓶(配防倒架,直供电车开车,水开后灌水),不锈钢杂物桶,衣架、拖鞋。 (4)整理清扫工具、备品及业务台账资料。 (5)洗脸间摆放洗手液(皂),洗手间摆放芳香球、卫生纸、坐便器一次性坐垫,坐便器按规定消毒,锁闭洗手间。 (6)接受列车长出库整备鉴定。 (7)列车出库前锁闭车门	(1)按标准验收,达标验收。车厢卫生达标,窗明几净、四壁无尘、无死角,边座椅套无污迹,顶棚、洗脸盆洁净,洗手间洁净无异味,通风口无灰尘,镜面光亮无尘,垃圾桶洁净,套袋定位,通过台、连接处无污迹,锅炉间、工具柜内无杂物,茶桌腿、铺位腿无污垢,门框、窗框洁净,烟灰盒无烟头、烟灰,暖气管无积灰,清扫工具干净。 (2)全程铺地毯,揭示牌干净正确,卧具完整、清洁、铺放平展、折叠摆放整齐统一;水开瓶满;茶具消毒合格。 (3)备品摆放一致;清扫工具齐全,隐蔽定位,工具柜、卧具柜加锁;资料台账完整有效,填写清楚

(二)始发站作业(见表3-2)

始发站作业表　　　　　　　　　　　　　　　　　　　表3-2

项目	作业内容	服务标准
1.开门立岗	广播预告放客后,锁闭端门和乘务间,打开车门,悬挂活动顺号牌,卡牢脚踏板(高站台摆放安全渡板,悬挂警示带),抹扶手,面向旅客放行方向,迎接旅客	出岗准时统一,立岗姿势端正,表情自然,活动顺号牌悬挂一致
2.组织旅客上车	(1)验票,查堵危险品,帮助旅客上车。 (2)引导旅客进包房,帮助旅客安放行李	门岗宣传到位,验票认真,防止旅客带危险品上车,防止旅客摔伤

(三)始发站开车作业(见表3-3)

始发站开车作业表　　　　　　　　　　　　　　　　表3-3

项目	作业内容	服务标准
1. 车门管理	(1)铃响站线,铃止上车,高站台收取安全渡板和警示带,放下脚踏板,收取活动顺号牌,车动锁门,面向站台行注目礼。 (2)列车出站台,自检互检边门,开洗手间门、端门	落实车门自检互检,及时开启洗手间,防止旅客跳、坠车,不漏锁车门,确保安全
2. 服务登记	(1)按顺序换发卧铺牌,进行登记,核对证件。 (2)空余铺位及不符合乘车规定的旅客,及时报告列车长	(1)进包房先敲门,出包房退行。 (2)根据需要送茶水、烟灰缸,介绍车厢服务设备、使用方法及餐车供应情况,做好重点照顾。 (3)态度和蔼,语言亲切,用语文明,作业规范,换票准确,核对证件认真,登记准确无差错
3. 卫生清扫	清扫地面、通过台、连接处、洗脸间	走廊、通过台干净、无积水、污迹

(四)列车途中作业(见表3-4)

列车途中作业表　　　　　　　　　　　　　　　　表3-4

项目	作业内容	服务标准
1. 运行中作业	(1)运行中作业:拖(拖地面)、冲(冲开水)、宣(宣传旅行安全常识)、抹(抹三间四壁、茶几)、访(访问旅客)。 (2)做好车厢旅客服务工作。 (3)巡视车厢,解答问询。 (4)采暖期间做好车厢取暖工作。 (5)遇通过较大隧道、桥梁时,落放车窗,锁闭洗手间,加强宣传和巡视。 (6)根据需要送水,及时清理果皮盘、杂物桶,更换烟灰缸、茶杯,及时收取旅客饮用完毕的硬质包装容器。 (7)旅客离开包房时,按照旅客需求整理房间,作业完毕锁闭房门。 (8)遇临时停车做好宣传,到边门处立岗,加强瞭望(左单右双)	(1)重点旅客做到"三知三有",服务做到"四勤":眼勤(勤观察)、嘴勤(勤宣传)、腿勤(勤巡视)、手勤(勤检查);车厢温度适宜,卫生做到随脏随扫,及时冲刷洗手间,达到"三无"(无异味、无粪便、无积水),洗脸间台面经常保持干燥。 (2)临时停车瞭望制度落实
2. 到站前作业	(1)提前30min唤醒下车旅客换票,收回卧铺牌,提醒整理物品,做好下车准备,到站前5min再确认一次,防止旅客越站。 (2)停车3min以上车站锁闭洗手间门(集便式洗手间除外),到站前锁闭端门,查看车厢水表水位。 (3)清理垃圾桶,垃圾装袋扎口,放在反边门处	换票准确,无差错,无旅客越站;卧具做到一人一换

续上表

项目	作业内容	服务标准
3.停车时作业	(1)停车时作业:开(车停开门,高站台停车3min以上必须放置安全渡板,悬挂警示带)、挂(挂顺号牌)、抹(抹扶手)、宣(门岗安全宣传)、看(看票上车)、扶(扶老携幼)。 (2)垃圾装袋扎口,在垃圾投放站定点投放。 (3)铃响站线,铃止上车,放下脚踏板(高站台收取安全渡板、警示带),收取顺号牌,车动锁门,面向站台行注目礼	验票认真,乘降有序,宣传到位,防止旅客摔伤、挤伤,垃圾投放及时
4.开车后作业	(1)开车后作业:锁(车动锁门)、开(开洗手间门、端门)、检(自检互检车门)、安(安排铺位,核对、登记证件)、整(整理下车旅客铺位)。 (2)开车2min以内核对车厢水表水位,确认给水站是否上水并做好登记	自检互检到位,不漏锁车门,开洗手间门及时,卧具一人一换,上水登记及时
5.午间作业	(1)扫拖走廊、通过台,擦抹走廊茶几、窗台、洗脸池,冲刷洗手间、洗脸间,清扫整理乘务间、锅炉室,闭合窗帘。 (2)加强巡视,坐边座值岗	无闲杂人员,车内安静整洁,工作时走路、说话、关门要轻
6.夜间作业	(1)按包房核对铺位,清理非本车厢人员离开包房,停止会客。 (2)扫拖走廊、通过台,擦抹走廊茶几、窗台、洗脸池,冲刷洗手间、洗脸间,清扫整理乘务间、锅炉室,闭合窗帘。 (3)加强巡视,对过往人员认真询问,坐边座值岗	无闲杂人员,车内安静整洁,工作时走路、说话、关门要轻
7.清晨作业	(1)冲刷洗手间、洗脸间,擦抹洗脸台、面镜、走廊茶几、窗台,整理窗帘。 (2)扫拖走廊、通过台、连接处。 (3)宣传节约用水。 (4)根据需要送水,清理房间果皮盘、杂物桶,更换烟灰缸、茶杯,询问需办事宜	开水供应充足,车容整洁,洗脸间台面、连接处保持干燥,洗手间干净无异味
8.交接班作业	(1)交班前清理垃圾桶,倾倒烟灰缸,全面清扫地面,垃圾装袋扎口,擦抹三间、四壁、窗台,冲洗洗手间。 (2)交接票证及车内旅客乘车情况,清扫工具、服务设施、备品,交接取暖锅炉(非空列车),填写交接簿。 (3)排队交接班,听取列车长传达有关事项	整洁干净,备品齐全定位,交接清楚,有签认,不信用交接

(五)列车终到作业(见表3-5)

列车终到作业表　　　　　　　　　　　　　　　　　表3-5

项目	作业内容	服务标准
1.终到站前作业	(1)清理果皮盘、垃圾桶、烟灰缸,擦抹茶几,整理乘务间,冲刷洗脸间、洗手间,清理锅炉室(非空调列车),扫拖地面、通过台、连接处。 (2)到站前,锁闭洗手间门和端门。 (3)提前30min换发车票,收回卧铺牌。 (4)通告终到站时刻,收集旅客意见反馈。 (5)垃圾装袋扎口,放置于反边门处	(1)卫生达到无污水、无粪便,垃圾装袋扎口到站定点投放。 (2)换票准确;语言清晰,态度诚恳
2.组织旅客下车	(1)进站前到岗,试开车门,面向站台立岗;停稳开门,卡牢脚踏板(高站台放置安全渡板,悬挂警示带),挂活动顺号牌,抹扶手,帮助旅客下车。 (2)垃圾装袋,到站定点投放。 (3)清点卧具,全面检查车厢,发现旅客遗失物品交列车长处理	(1)及时到岗,姿势端正,活动顺号牌悬挂一致,防止摔伤,垃圾投放及时。 (2)及时上交旅客遗失物品
3.整理卧具备品	(1)清扫房间,收取服务指南、果皮盘、烟灰缸、茶杯、暖水瓶、衣架放于指定位置。 (2)卧具一律到站后收取。由保洁员收取枕巾、被单、褥单、台布、靠背帘,分别包装集中放在指定位置。 (3)定位放置清扫工具及备品。 (4)整理资料、台账,装入资料箱(袋)	卧具、备品和服务设施齐全,定位存放,资料台账填写清楚
4.终到交接	(1)与保洁员按备品卡办理交接手续并签认。 (2)遇有备品丢失、清扫工具损坏时,向列车长汇报	交接手续完备,不信用交接
5.终到退乘	在指定地点集合列队点名,听取列车长总结这趟乘务工作	仪容整洁,列队整齐,认真听记

单元3.3 餐车礼仪

单元3.1 旅客列车服务概述
单元3.2 乘务礼仪程序及标准
单元3.3 餐车礼仪
单元3.4 列车礼仪文化

【知识目标】
1. 了解餐车作业种类和服务类型;
2. 掌握餐车服务技巧及服务礼仪。

【技能目标】
1. 能够模拟各工种完成餐车相关作业;
2. 能够处理餐车作业过程中与礼仪相关的问题。

【素质目标】
1. 培养独立学习,与人合作,沟通交流能力;
2. 培养相互帮助精神,使之具有团队意识;
3. 培养勤于思考、刻苦钻研、勇于探索的良好作风。

思政园地 3-3

温暖回乡路

每逢佳节倍思亲。春运期间,全国各地的朋友乘坐火车着急回家,那些在节假日仍坚守在工作岗位的乘务员,为了千千万万的旅客能够平安顺利回家团圆,舍弃了自己和家人团圆的时间,服务在铁路一线。

元旦时,我坐着从成都开往北京西的 K1364 次列车回家,在火车上亲眼见到了一个感人的瞬间。还有 1min 火车就要开了,可还有旅客未上车,一位妈妈带着两个小孩,还拖着一大箱行李,缓慢的步伐快赶不上火车了。这一幕被一位年轻的列车员看见了,她迅速地把孩子带上火车,然后又飞快地帮那位妈妈把行李抬上车。小女孩轻轻帮列车员擦掉额头上的汗水(见图 3-21),高兴地说道:"谢谢姐姐,我终于坐上火车了,可以和爸爸一起过年了。"

从列车长那里得知:她叫徐倩薇,是 90 后,她已经两年没有在家过年了。在父母眼中,她是贴心小棉袄;在同事眼中,她尊老爱幼、乐于助人,工作尽职尽责。看到带小朋友的家长她都会提供帮助,如冲奶粉、换尿布、带小孩等,徐倩薇样样在行,多次被旅客称赞为"最美乘务员"。徐倩薇在平凡的岗位上做着不平凡的事,始终秉承着"服务旅客,待旅客如亲人"的宗旨,她用自己的行动温暖着旅客的回乡路。

(摘编自遂宁文明网,作者陈玲凤)

图 3-21 小女孩为徐倩薇擦掉汗水

单元基础知识

用餐是旅客出行途中非常重要的需要之一,为旅客提供用餐服务也是铁路旅客运输服务的重要工作之一,旅客用餐的质量不仅会影响到旅途心情,甚至会影响旅客的身心健康。餐车服务礼仪既是铁路与旅客沟通的桥梁,又是铁路展示自身形象的窗口。

一、餐车服务的规范

(1)经营证照齐全有效,经营项目、收费价格公开,无变相卖座和只收费不服务行为,提供发票。

(2)储藏室(柜)、冰箱、吧台、橱柜等处所不随意放置私人物品。餐料、商品在餐车储藏柜、冰箱内等处放置,不占用旅客使用空间。

(3)食品加工用具(刀、板、墩、盆、桶等)有生熟标记,并按标记使用。冰箱按原料、半成品、成品分别存放,并有标记、垫布、盖布。

(4)厨房有防蝇、防尘、灭鼠措施。

(5)有符合要求的洗消设备和消毒药品,炊、餐、茶、酒具清洁、消毒合格。

(6)销售无包装直接食用的食品时有防蝇、防尘措施,加盖洁净、消毒合格的苫布(盖),不得徒手接触食品。

(7)厨房前门悬挂印有"非工作人员禁止入内"字样的挡帘。除检查等必须工作外,非餐车工作人员不进入餐车厨房。餐车刀具和锅铲等可移动铁器定人管理,定位隐蔽存放,使用完毕后及时归位。

二、餐车提供的商品

(1)销售的商品质价相符,明码标价,一货一签,提供发票。

(2)非专职售货人员不得从事商品销售等经营活动,专职售货人员不得超过4人(不含餐车)。

(3)经营行为规范,文明售货,不捆绑销售商品。售货(饭)人员不在车内高声叫卖、频繁穿梭,销售过程中主动避让旅客。夜间运行时,不得进入卧车销售,座车可根据情况适当延长或提前销售时间,但不得超过1h。

(4)售货(饭)车美观整洁,四周有防撞胶带(条),制动装置作用良好,有经营单位审定的价目表。列车编组 14 辆以上时,售货(饭)车总数不超过 4 辆,不足 14 辆的不超过 3 辆。双层客车可使用规格统一、洁净、无害塑料筐(箱)代替售货车,总数不超过 4 个。一节车厢内经营的售货(饭)车不超过 1 辆,经营过程中人车不得分离。非经营期间,售货(饭)车定位制动存放。

(5)供应品种多样,有高、中、低不同价位的预包装饮用水、盒饭等旅行饮食品。尊重外籍旅客和少数民族旅客的饮食习惯。

(6)商品柜、储藏室、蔬菜柜、吧台橱柜(陈列柜)加锁,不放置私人物品;商品、餐料定位放置,不占用通道和旅客使用空间。图 3-22 所示为餐品的陈列摆放。

(7)餐料、商品有检验、签收制度,采购、保管、加工、运输、销售符合食品卫生安全要求。

(8)不出售无生产单位、生产日期、保质期和过期、变质以及口香糖等严重影响列车环境卫生的食品。

(9)一次性餐饮茶具符合国家卫生及环保要求。

(10)广告经营规范。广告发布的内容、形式、位置等符合有关规范,布局合理,安装牢固,内容健康,与列车环境协调,不挤占铁路图形标志、业务揭示、安全宣传等客运服务内容或位置不影响安全和服务功能,不损伤车辆设备设施。

a)

b)

图 3-22　餐品的陈列摆放

三、餐车长的工作职责、作业及礼仪标准

(一)餐车长的工作职责

(1)严格执行中华人民共和国铁道行业相关标准、《中华人民共和国食品安全法》、国家政策法令和饮食供应管理制度。

(2)负责餐车经营管理全面工作。

(3)负责餐车物资、现金、有价证券和备品的管理工作。

(4)负责班组经济核算、餐车服务质量的管理和接待工作。

(5)负责列车食品卫生安全。

(6)负责合理安排列车乘务人员就餐。

(7)及时准确地填写本岗位各类记录与表格,并对途中发生的问题及时处理,形成记录并如实汇报。

(8)有责任拒绝接收无生产厂家、无生产日期、无保质期和腐烂变质的商品、餐料上车销售。

(9)有责任制止销售腐烂变质食品。

(10）有权制止非餐车人员进入厨房和外借厨房利器。

(11）有权对餐车各岗位工作进行监督检查与考核，有权制止和劝阻列车其他工作人员的违章违纪行为。

（二）餐车长的作业及礼仪标准

1. 作业前准备

接受任务及点名如下：

（1）提前到段请示工作，接受任务及摘抄命令、指示；请领餐券（票据）和各种凭证，了解重点乘车人数及对象。及时准确摘抄命令、电报；请领票据证券，确保齐全够用，对本次出乘任务清楚明确。

（2）检查餐饮人员着装及职务标志，按时到指定地点参加出乘点名，听取上级指示、工作布置和接受业务提问。要求着装统一，仪容整洁，使用统一乘务包。点名及业务提问要准时到达，认真听记，正确回答班前试问。

（3）指派餐车工作人员交接领取备品、餐具。确保备品、餐具交接清楚、领取到位（见图3-23）。

2. 列车库内作业

始发准备如下：

（1）组织班组人员接车，清点固定备品、设备，召开班前会。做到接班准时，对口交接、准确无误。若发现备品缺少，填写备品赔偿单。

（2）指派专人守车，并确保留守人员能够胜任。

（3）车容整理。组织前后台人员与库内保洁人员按出库标准进行卫生清洁、餐厅整理；摆挂旅客意见留言簿及业务揭示牌；按标准铺台布、摆花瓶花盆、牙签、四味架或酱醋壶、果壳盘；整理陈列柜；餐具清洗消毒。揭示牌要干净，按规定挂放；备品定位摆放；旅客留言簿挂放在餐车中部；地面、台面整洁，备品设施定位摆放整齐，窗明几净，四壁无尘，无死角；椅套无污渍、油垢，顶棚洁净，通风口、暖气管无积尘；陈列柜陈列美观、艺术；车厢环境优雅。

（4）检查餐车设备、设施和用具摆放、冰箱卫生、餐料初加工、油垢清理等情况并做好记录。餐车设备要求标志明显，生熟分开，定位摆放，安全设备齐全有效，油垢清理达标，记录规范。

（5）整理餐券票据、业务资料、台账，核对备品交接记录，整理清扫工具及服务设施。餐券票据及时入保险柜加锁，钥匙专人保管使用；整理健康证、卫生许可证、上岗证、资料台

a)

b)

图3-23 作业前准备

账齐全完整；交接准确无误，定位摆放。

（6）组织人员上料，按上料单清点商品、餐料。对商品、餐料进行"三检、四核"，按品种分类存放。

（7）检查商品销售的准备工作，提供价目表，做到明码实价。

（8）检查储藏柜的物品摆放，储藏柜须无杂物并加锁。

（9）会同厨师做好乘务饭、旅客供应预制计划。按三定表要求做好预制计划。预制供应品种应做到高、中、低档相结合、数量准确。

（10）始发整备作业完成后，接受列车长出库整备鉴定。列车长按标准验收，达标后验收。

（11）列车始发时，餐车长检查餐车厨房边门安全防护栏，边门、后厨门锁闭情况。确保无漏锁，防护栏装置牢固并加锁(见图3-24)。

3. 运行途中作业

（1）开餐前准备

①向列车长了解重点旅客及客流情况，做好重点旅客开餐准备。

②检查各部位开餐前准备情况，确保开餐用品准备充分。

③检查后厨各部位加工、准备和炉灶使用情况，要做到餐茶具洗净消毒，菜净、饭热。

④根据供应品种准备餐券，提供菜谱，送广播室做好开餐宣传，分配服务员的工作，要做到菜谱设计美观，明码标价，合理安排工作(见图3-25)。

（2）开餐中作业

①做好开餐组织，介绍品种，出售餐券，唱收唱付。接待旅客要注意文明礼貌、态度和蔼。

②随时检查饭菜质量和服务标准；做好重点旅客服务；坚持"三托"服务(托盘上餐具、托盘上饭菜、托盘撤餐具)。饭菜达到"三热"(饭热、菜热、汤热)、"四好"(色好、香好、味好、形好)；服务规范、主动热情；用餐台面清理及时。

③安排好重点接待及乘务餐。重点接待食品要留样6h；乘务餐要饭热、菜香、口味好。

④按规定经营的夜间休闲茶座，要做到质价相符，服务周到(见图3-26)。

（3）餐后作业

①根据服务员销售(两联单)收取快餐款，开具三联单，由服务员签认，交后厨销账；做好餐后"三核对"(售出餐券与进款核对，餐券与后厨付出数核对，进款与自制品、商品售

图 3-24 出发前整备

图 3-25 开餐前准备

图 3-26 餐中作业

出数核对）。做到餐清趟结,账款相符,手续清楚;核对正确,计算无误;进款及时入保险柜加锁。

②及时填写台账及有关报表。要求台账及报表填写清楚、准确。

③检查各岗位卫生整理情况。做到卫生整洁,备品定位,餐、茶具消毒入柜,不留死角,不留隐患(见图3-27)。

4.列车终到(折返)作业

(1)清点往返餐饮进款,计算经营财务结果。要做到账款相符,无短溢款。

(2)填写各类账表和缴款单。填写清楚、准确。

(3)组织召开班组完工会,认真总结本趟工作,公布销售结果。清理餐具、备品。总结认真,公布经营结果,备品清楚。

(4)如列车需折返,按规定安排胜任人员守车,列队到公寓休息。留守人员必须坚守岗位,防火防盗。

(5)检查各部位的卫生状况,准备交接。炊餐用具洗消完毕,定位存放,保持环境卫生整洁。

(6)与对班餐车长办理交接,并检查各岗位交接情况。交接记录清楚、准确,互相签字,不空交,不信用交接。

(7)及时交款、汇报。交款及时,有人护送,账目清楚,汇报准确。

图3-27　餐后作业

四、餐车服务员的作业及礼仪标准

(一)接车准备工作

(1)按规定时间到指定地点集合、点名。点名及业务提问要准时到达,认真听记,正确回答班前试问。

(2)参加出乘会议,接受任务,对本次出乘任务清楚明确。

(3)请领备品。确保领取票据证券正确、齐全。

(4)更换工作服,整理仪容仪表。要求着装统一,仪容整洁,使用统一乘务包。

(5)办理交接和验收,做到交接清楚,验收签认。

(6)定位摆放各类物品和服务设施。

(7)搞好餐厅卫生和车容布置。

(8)按规定做好餐具消毒。

(9)始发前按规定位置立岗。

(二)中途作业

(1)做好餐前准备工作,落实安全措施。

(2)下车厢供应盒饭。
(3)主动迎送就餐旅客、安排就餐座位。
(4)了解、反馈旅客需求并提供针对性服务。
(5)凭票取食、托盘上菜、介绍菜名和特色。
(6)托盘收拾餐具,整理餐桌。
(7)洗涤、消毒餐具。
(8)清理饭车,定位摆放。
(9)做好每餐清理和车容布置。
(10)到站按规定投放袋装垃圾。

(三)终到(折返)作业

(1)整理橱柜。
(2)整理备品、餐具,搞好餐厅卫生。
(3)全面清点、登记备品。
(4)及时调换窗帘、座席套等。
(5)参加终到(折返)会议。
(6)根据餐车长的指派,陪同交款。
(7)按规定看车,办理交接。

五、高速铁路动车组餐服员作业及礼仪标准

(一)出乘前准备工作

穿着规定制服,佩戴职务标志,携带必备资料(餐服员手册、健康证、上岗证、卫生许可证、发票、商品索证),按规定时间到商品库,请领对讲机、备品柜钥匙和本趟网上订餐单,做到制服平整干净,仪容仪表整洁,标志佩戴规范,女性淡妆上岗,各种证件齐全,对讲机电量充足,作用良好,统一佩戴在腰间;左耳佩戴耳机,耳机线隐蔽在制服内。不允许携带除乘务包以外的物品。

按上料单点验签认商品,做到散货合理包装,数量准确,食品在保质期内,无腐烂、变质、破损、胀袋,商品包装质量完好,与搬运人员准确交接。

按规定时间参加出乘会,学习上级文电及业务知识,听取列车长对趟重点工作的部署。在列车长的组织下整齐列队,到派班室点名,听取派班员传达文电、命令。

列队按指定路线,在车底出库进站前5min到达站台规定位置,准备接车。列队时,做到精神饱满、队形整齐,所有物品均放入乘务箱,右手提拿,大衣不穿时统一搭在左手臂

上。等候列车时,面向列车方向列队,乘务箱摆放在身体右侧距右脚10cm处,箱体前部外边沿与脚尖平齐。

需要提前待乘时,按规定时间到达待乘室,入住指定房间,做到遵守各项待乘管理规定,做到班前充分休息,根据列车出库时间,提前1.5h起床。

(二)始发站准备作业

列车进站停稳后,统一右手提箱列纵队,由规定车门登车,迅速将乘务包等用品定位摆放。乘务人员上车后要及时关闭各车车门。临时作业,需要再次打开车门时,要随开随关,保持车内温度。与搬运人员准确交接商品,清点库存备品,做到上货迅速,商品数量准确,定位摆放。

打开对讲机,调至2频,与列车长进行对讲机频道调试和时间校对。

检查餐车内消防器材、电线路、外接电源以及电气设备,检查储藏柜锁闭情况,搞好餐吧卫生,做到餐车吧台、售货车、餐厅各处无尘、无垢,物见本色,发现问题及时报告列车长。

检查整理上料单、卫生许可证、索证、发票。根据实际上货品种,做适当调整摆放,展示柜陈列商品整齐、美观。例如,点心类陈列在吧台内的恒温展示柜第一、二层(点心类售完可摆放速食类食品);饮品类陈列在恒温展示柜第三、四层。

按规定向乘务班组移交特、一等座旅客赠品,签字交接。

(三)始发迎客作业

一长二员时,根据列车长通知,一名餐服员按分工将自动感应隔断门开启后调至锁定状态,在规定车门内立岗,引导旅客乘降,做到姿势端正,面带微笑。立岗位置:面向放客上车车门,站在车厢通道后侧,脚尖与开启的自动感应隔断门对齐,左右居中。立岗姿势:挺胸、收腹,脚跟并拢,脚尖略分开。女性双手四指并拢,交叉相握,右手叠放在左手之上,自然放于腹前;男性五指并拢,双臂自然下垂,两手中指贴裤缝。对每位上车旅客面带微笑致15°鞠躬礼,并问好。引导旅客进入车厢,放好随身携带物品。对重点旅客引领就座。宣传旅客按次序上车,确保安全,发现无票或送客人员及时劝告,引导其下车,不能处理时向列车长汇报。车门关闭后,检查分管车门是否正常关闭,出现故障时及时报告列车长。确认正常后,在最后确认的车门处,按始发站迎客立岗位置行注目礼至列车驶出站台。

另一名餐服员在吧台内立岗，迎接旅客，立岗姿势与车门立岗相同，做到姿势端正，面带微笑。对每一位经过的旅客面带微笑致 15°鞠躬礼，并问好。开启需预热设备，调试设备至可使用状态，检查售货车制动性能，码放商品，开车 10min 后下车厢服务。

一长三员时，始发迎客作业中，一名餐服员餐车吧台内进行准备作业，另一名餐服员吧台内立岗迎接上车旅客。

（四）运行途中作业

一长二员作业时，协助负责商务座、一等座的列车员发放赠品。不间断提供商品，做到主动介绍，服务热情，用语标准。询问旅客购买需求。对旅客订餐的品种进行核对，确定送餐时间。（餐车服务见图 3-28）

销售时复述旅客所点的餐食、商品名称、数量、价格，唱收唱付。供应品种介绍准确，熟知供应食品品名、口味、特点和价格，找钱准确。将食品、商品递给旅客时，做到动作迅速、双手端拿平稳。

图 3-28　餐车服务

掌握车厢销售情况，及时调配，保证供应。旅客所点的餐食加热时，严格按照操作规程安全操作电气设备，微波炉加热餐食，严格按照时间提示要求加热。随时检查餐车内消防器材、电线路、外接电源以及电气设备，严禁私接乱接电线和随意增设电气设备。

在吧台出售盒饭时，必须做到现热现卖；推车售盒饭必须做到少量多次，避免加热后的盒饭无法尽数售出。对于已经加热的盒饭准备在吧台或推车延时出售时，必须在价格签上记录完成加热的时间点（现热现卖的盒饭除外），超过两个小时未售出的一律销毁，严禁重复加热或放置于冰箱和餐车的备品柜中。发现其他报废餐食品立即收回、销毁。

落实首问首诉负责制，准确回答旅客的各种问询，主动征求旅客对餐饮供应、服务质量的意见和建议。

发现餐售食品保有量不足时，要及时与途中补货点（沈阳北、北京、天津）、折返站餐饮供应点联系补充商品事宜，明确品名和件数，提前 60min 电话通知补货点负责人。

乘务人员的乘务餐需冷藏时，统一定位在后厨冰箱内，严禁与出售的旅客食品混放。一般情况下，380B 型动车组定位在餐车后厨冷藏柜最左侧门内下层，CRH5 型车定位在后厨进门右侧冰柜的上层。

完成列车长交办的临时任务,突发非正常情况,立即报告列车长,按照列车长的指挥,根据应急处置预案中本岗位的分工职责,全力做好应急处置。

(五) 途中停站作业

到站前 10min,督促、协助乘服员做好到站前清扫卫生、整理车容及投放垃圾等准备工作。

到站前 5min,餐车位置餐服员做好到站提醒服务,协助重点旅客做好下车准备。到站前在吧台内按始发迎客作业程序和标准作业。

一长二员作业时,途中较大停车站(如长春、长春西、沈阳、沈阳北、秦皇岛、山海关、北京、唐山、天津、济南、南京等)到站前 3min,一名餐服员到达规定车门处,按始发迎客立岗位置,行注目礼至列车停稳。车门开启后,宣传组织旅客先下后上,为旅客指引座位方向,放好随身携带物品。对重点旅客引领就座。确认旅客乘降完毕后,使用对讲机报告列车长。车门关闭后,按始发站作业程序和标准检查车门是否正常关闭,出现故障时,及时报告列车长,确认正常后,在最后确认的车门处,按始发站迎客立岗位置行注目礼至列车驶出站台。另一名餐服员在吧台内立岗,立岗姿势与车门立岗相同,做到姿势端正,面带微笑。对每一位经过的旅客面带微笑致 15°鞠躬礼,并问好。

(六) 终到作业

终到前 30min,做好餐车卫生清扫工作,恢复车容、备品定位,清理餐饮设备,设备断电后,擦抹各处死角,做好终到卫生清洁工作。

作业时,列车进站前 3min,一名餐服员到达规定车门处,在车内面向站台方向立岗,脚尖距车门 40cm,左右居中,行注目礼至列车停稳。车门开启后,下车在车门外 20cm 面向餐车方向立岗,帮助重点旅客下车,向每一位下车旅客面带微笑致 15°鞠躬礼,送别旅客。

另一名餐服员在吧台内按始发迎客标准立岗送别旅客。向每一位下车旅客面带微笑致 15°鞠躬礼,送别旅客。

(七) 折返站作业

督促、协助折返站保洁人员作业,对车容恢复、垃圾投放、列车外皮保洁等情况进行检查。清点库存餐食品,清洁整理吧台卫生,补充摆放商品,确保餐车整洁干净、物品定位摆放。核对餐饮收入是否一致。检查、确认售货车状态良好,保证商品充足,种类齐全。

确认折返站上水情况,发现问题及时通知列车长。

按照补料单认真清点种类、数量,检查质量,补充商品上车后,办理交接手续,签字确认。

按始发站迎客作业程序和标准执行折返站迎客作业。

折返站下车入住公寓时,旅客下车完毕,清点列车备品、商品数量,入柜加锁。领取乘务包后统一从规定车门下车列队,按指定路线入住公寓。次日按出乘前准备作业程序和标准接车,做到精神饱满、仪容整洁、着装统一,不与旅客抢道。

(八) 退乘作业

列车终到前 30min,盘点本趟餐食品,掌握商品供应情况、剩余数量。

旅客全部下车后,将备品、剩余的商品打包装箱,与车站接货人员进行交接。确认商品储藏柜锁闭牢固,正确填写商品交接记录,签字确认。确认餐车电气设备全部断电,不留安全隐患。

领取乘务包后统一从规定车门下车列队,按指定路线到派班室点名。向商品库汇报当趟餐售存在的问题,交回对讲机和备品柜钥匙,确保设备外部无损坏,使用状态良好,签字交接。

点名后参加退乘会,听记列车长对本趟乘务中安全、服务工作的点评。

六、餐车服务礼仪

(一) 点餐前的服务准备

(1) 旅客来到餐桌前,餐车的服务员要为旅客准备香巾、湿巾或餐巾纸,茶水和菜单。

(2) 主动向旅客介绍餐品及价格,并为旅客倒好第一杯茶,提示旅客使用完香巾后收回。

(3) 介绍完餐品后,等待旅客看菜单,当有其他旅客同时来到服务区域时,应对正在服务的旅客致歉并让他先选择,告知很快回来为他服务,及时招呼新到的旅客。

(二) 写菜单的操作方法

(1) 写菜单时要书写清楚,符合规定。通常根据菜单上的项目次序分类填写,这样便于服务员按顺序上菜,也利于厨师看菜单准备菜肴。

(2)在菜单上应注意按照旅客的提议或需求来写,若有听不清楚或不明白的菜名,不要自作主张,应当礼貌地向旅客问清楚。

(3)旅客不能很快决定自己所要食用的菜时,餐车服务员应耐心地等待,热情地为旅客介绍、推荐特色菜及其他风味菜。

(4)餐车服务员在记录完旅客的点菜以后,为了避免差错,应向旅客重复一遍所点的菜肴,以便得到确认,尤其是旅客在用非常规的方式点菜时,更应确认清楚。

(5)点菜完毕后,要记得收回每位旅客的菜单。

(三)介绍酒水的操作方法

(1)在旅客点好菜后要主动询问旅客用什么酒或饮料。

(2)服务员应向旅客介绍饮料或酒的品种、特点、价格,然后由旅客自选。

(3)介绍、推销酒水时,应问清旅客的需求,如瓶装、罐装或杯装。

(四)上菜的服务技巧

(1)上菜的整个程序一般可分为端托、行走、上菜、撤盘等4个程序。

(2)上菜前,要将菜盘平稳地摆到托盘上,端送到餐车。送菜时,行走要注意保持平衡,留心周围情况,以免发生意外。

(3)上菜工序和方法技巧。

①端托。

基本要求:端平走稳、汤汁不洒,菜肴形状不变,清洁卫生。

动作要领:上身直、左臂自然放松。上下臂成90°,手与耳齐,远离口部,拇指跷起,扣压碗边,右手随时准备排除前方左右所发生的障碍。

②行走。

端托时的行走要根据列车运行情况,按菜品性质,采取不同步伐,做到忙而不乱。

基本要求:身体端正,略向前倾,步伐轻快稳健,精神饱满,目视前方,视野开阔,反应灵活,注意力集中,行动敏捷,快慢灵活,停、进自如。

端托时的行走一般使用以下 5 种步伐:

常步——使用平常行进的步伐。要求:步距均匀,快慢适宜。

疾步——端火候菜,急行走法。要求:步距稍大,速度稍快,但不能跑。

碎步——端汤菜所走的步伐。特点是步距小,速度稍快,保持身体平稳,以免汤汁溢出。

垫步——一只脚在前,一只脚在后,前脚进一步,后脚跟一步的行进步伐。此种步伐一般是在穿行狭窄过道或赶不上一步时使用。

窃步——服务员端菜向前走时,遇到前面突然走来的旅客或遇到其他障碍所用的步伐。这种步伐不固定,可根据具体情况随机应变。

③上菜。

a. 上菜的顺序原则上是根据菜单排菜和旅客的要求安排的。

b. 无论是中餐还是西餐,都是从客人的左手边送餐(见图 3-29),即在陪同人员或翻译之间进行,不要在主要旅客之间进行,以免影响来宾用餐或将汤汁洒在来宾身上。

图 3-29　左手边送餐

④撤盘。

撤盘有 3 个基本要求:一是要为上下一道菜准备条件;二是不能损坏餐具;三是要注意礼貌,撤盘不准拖,不要把汤汁洒在旅客身上。撤盘一般在旅客右边进行。

(4)托盘的服务技巧。

托盘根据形状来划分可分为圆形式饮料托盘、椭圆形食托盘、用于自助餐的长方形托盘。

根据操作方式,也可以将托盘分为轻托和重托两种。

轻托——要求是左臂的上臂和下臂弯曲成 90°,上臂自然下垂,左手五指分开,指实掌心虚;所托物品较重时,也可以全掌托着盘底,保持整个托盘与平面平行;行走时要求身正、挺胸,眼睛平视,右手可放在背后;所托物品较重时可以用右手向前相扶。轻托适合于托送较轻的物品。

重托——采用此方法走起来显得比较高雅。用肩托法托物时须借助于肩部的力量,左手五指自然分开,小臂与身体平行,大拇指指向左肩;重心掌握好后,用右手协助每盘托起。左肘向上弯曲、平衡。所托物品较重时,可将托盘下压,与肩相接;物品较轻时,可托于肩上方。

理盘时,首先要根据所运送的物品选择大小合适的托盘,将盘底擦干净;然后将垫布或湿毛巾垫在托盘上,并用手铺平拉直,使垫布或毛巾的四边与盘底对齐。

装盘时要根据托送物品的体积、轻重,使用的先后顺序,将所要运送的物品安放于托盘上。

较重、较高的物品放在托盘的内侧,较轻、较低的物品放在外侧。

后用、后上的物品放在内侧,先用、先上的物品放在外侧。

应从总体上保持托盘内物品重量分布的平衡。

如果托盘中物品较重,不宜用臂力将托盘直接托起,而应当弯曲双膝,利用腿部直起的力量将托盘托起。

托起托盘行走时要目视前方。身体端正,不要含胸弯腰。脚步要轻快均匀,步态稳健。所要经过的门是左开的,则应用右手托盘;反之宜用左手托盘,以方便在经过门时顺利地将门打开。但如果左手或右手力气不足,也不必强求遵循这一规律。

行走的时候要注意控制所托物体的运动惯性,如果遇到情况需要突然停下来时,应当顺手向前略伸减速,另一只手及时伸出,扶住托盘,从而使托盘及托盘中的物品均保持相对平稳。

物品取走部分后,应及时用右手对托盘位置或盘中物品进行调整,使托盘保持平衡。

(五) 中餐摆台与撤台的技巧

(1) 台面摆设的顺序。

①先铺平台布(台布折缝要上下直铺);

②摆小件餐具(先摆托碟或骨碟定位,再摆汤碗、味碟、筷子、汤匙,后摆各色酒杯);

③折叠、摆擦口布或餐纸;

④摆酒瓶、花瓶、味料壶、牙签等物。

(2) 各种物件摆设位置。

①台签、席签:摆在花瓶与小件餐具之间的位置上,并朝向宾客入门处。各宾主的席签置放在各席托盘中或托盘的前面,正面朝向座席。台签、席签要在临上菜前撤去。

②公筷、公勺:一桌一般酒席一般摆两副公筷、公勺,公筷、公勺要搁在托盘内,摆放在花瓶和小件餐具之间、靠近主人与副主人席位的地方。

花瓶摆在席桌正中,花瓶四周要对称摆一副味料瓶,两只烟灰缸、两只牙签筒,烟灰缸和牙签筒一般要靠近主宾和主宾的席位,以示对宾客的尊敬。酒瓶要摆在靠近副主人席位的地方,以便副主人敬酒。如没有副主人则要摆在靠近主人席位的地方。

③各小件餐具摆设位置。

三件头餐具的摆法(吃碟、汤匙、筷子):吃碟摆在桌边,对正客位。碟边距桌边5cm,筷子摆在吃碟右边,筷子大头距桌边2cm。汤匙把朝右横摆在吃碟上。

四件头餐具的摆法:除用以上3个小件外,另加酒杯1只,摆在吃碟右上方。

五件头餐具的摆法:小件餐具除上述4种外,另加啤酒杯或白酒杯1只,两只酒杯并摆在吃碟的右上方。

六件头餐具的摆法:小件餐具除以上5件外,另加汤碗1只。摆放位置是:吃碟在右,上汤碗在左,并排摆在客席位桌边的中间,盘距桌边约5cm,汤匙把朝右横摆在上汤碗中,筷子直摆在吃碟右边,筷子大头距桌边2cm、两只酒杯并摆在吃碟前方,小酒杯在右,大酒杯在左。

七件头餐具的摆法:小件餐具除以上6种外,加卫生盘1只。摆法是:吃碟在右,卫生盘在左,并排摆在客席正位中,盘碟边距桌边5cm。上汤碗摆在吃碟和卫生盘之间的上方,与卫生盘、吃碟呈三角形。汤匙和筷子的摆放位置同六件头的摆法。酒杯可直摆在上汤碗的右上方,小酒杯在下,大酒杯在上;也可横摆在上汤碗的右上方,小杯在右,大杯在左。

(六)撤换餐具技巧

撤换餐碟时,服务员应左手托托盘,将干净的餐碟整齐地叠放在一起,从旅客右侧撤下脏碟,换上干净餐碟。

(七)斟酒的基本方法

服务员站在旅客的右边,侧身用右手握酒瓶向杯中倾倒酒水。瓶口与杯沿需保持一定的距离,一般以1cm为宜。切忌将瓶口搁在杯沿上或采取高溅注酒的错误方法。

手握酒瓶的姿势。首先要求手握酒瓶中部,商标朝向旅客,便于旅客看到酒水商标,同时向旅客说明酒水特点。

(八)餐车座席安排

由于餐车两头均有出口处,以中间餐桌为首席桌,每桌的席位以列车运行方向规定,面对前进方向靠窗户里座为第一号席,主宾座。对面为第二号席,主人座。第一号席并排为第三号席,第二号席并排为第四号席。

注意:

应右撤右上,并注意脏碟中的骨刺残渣不要掉在地上或污染托盘中的干净餐碟;撤换餐碟前应征询旅客意见:"对不起,请问可以换碟吗?"待旅客许可后再撤换。

注意:

斟酒时要动作细腻,优雅大方,同时要注意服务卫生,不可出现酒水飞溅的情况。

单元 3.4 列车礼仪文化

单元 3.1 旅客列车服务概述
单元 3.2 乘务礼仪程序及标准
单元 3.3 餐车礼仪
单元 3.4 列车礼仪文化

【知识目标】
1. 了解铁路旅客运输服务细节工作内容；
2. 掌握列车礼仪的文化。

【技能目标】
1. 能够正确处理服务礼仪相关文化问题；
2. 能够处理餐车作业过程中礼仪相关问题。

【素质目标】
1. 培养独立学习，与人合作，沟通交流的能力；
2. 培养相互帮助的精神，使之具有团队意识；
3. 培养承传中华传统礼仪文化、弘扬铁路服务礼仪新文化。

思政园地 3-4

列车礼仪文化，这里指铁路运输客运部门为旅客服务过程中长期形成的共同理想、基本价值观、作风、生活习惯和行为规范的总称，是列车礼仪服务过程中创造的具有本客运部门特色的精神财富的总和，对客运部门成员有感召力和凝聚力，能把众多人的兴趣、目的、需要以及由此产生的行为统一起来，是客运部门长期文化建设的反映。

列车礼仪文化包含铁路客运部门的服务理念、价值观、最高目标、行为准则、管理制度、道德风尚等内容。它以铁路客运员工为工作对象，通过宣传、教育、培训和文化娱乐、交心联谊等方式，最大限度地统一员工意志，规范员工行为，凝聚员工力量，为客运部门总目标服务。

单元基础知识

新时代铁路精神需要发扬宗旨意识和服务意识。任何时候，铁路服务社会、服务人民群众的文化情结都不会改变，同时更应发扬和光大这种宗旨意识和服务意识，让宗旨意识和服务意识成为列车礼仪文化的主旋律。在铁路员工中广泛宣传贯彻服务理念，培养以优化服务环境、改善服务态度、创新服务方式、提高服务质量为核心的文化情结，全面树立旅客需求至上的铁路新形象。

一、行为准则体现礼仪文化

乘务员在站台验票时,如遇其他旅客询问其所持车票车厢位置,而此时上车旅客较多,应用手势示意该旅客方向。

乘务员及列车长不得以任何理由在站台上奔跑,遇有紧急情况应加快脚步,快步前行。

乘务员途中在硬座车厢打扫地面卫生、收取垃圾时,不要把垃圾沿着地毯在地面上扫拖过长(不超过2m),要做到随脏随扫,随扫随收。

乘务员在把收取的垃圾倒入垃圾车(箱)时,应尽量避免撮子与垃圾车发生磕碰;严禁拿撮子以磕碰的方式倒垃圾入车。

乘务员在车厢内遇到领导时要打招呼:您好!不要直接称呼人名;不要跟随领导,应正常作业;当有领导离开车厢时,目送领导。当领导询问时,要放下手中工具,热情回答。

列车晚点要及时通告,超过30min时,列车长要代表铁路通过广播向旅客道歉,并积极做好服务工作。

餐车供餐时,列车工作人员不得在餐车逗留、闲谈、占用座席,不得陪客人用餐。

需要汇报工作或提供饮食服务,应先敲门。在包房门外时,列车长左手持汇报材料(服务员左手托盘)。在敲门时,用食指要一点二轻三重,征得对方同意后,打开房间门。如汇报工作,列车长立于门边向领导阐述汇报词,递交乘务报告或其他资料时,双手拿资料下部7cm左右,服务员左手托托盘,右手把茶杯或食品摆放到茶桌上(茶杯把要朝向领导或旅客一方)。摆好后,双手下垂,拿托盘离开房间。离开房间时,应面朝领导或旅客退身而出,在外面慢慢拉上房门。

列车在夜间运行,旅客休息时(22:00—05:00),乘务人员应尽量避免在车厢对话,因工作需要两个车厢需要传递信息时,可用手势表达:如传列车长,单手手指呈V字形手势;传检车人员,单手五指张开,呈掌状;传乘警,单手攥拳,呈拳头状。当遇到复杂信息时,乘务员需要用手势召唤对方到车厢连接处低语。严禁声音过大,干扰旅客休息。

列车广播与列车温度、供水等是同等重要的,广播内容应以中学生能听懂的文章导航,其内容应让旅客容易理解或是旅客真正需要的。

乘务员以旅客为中心,旅客动,我勤动;旅客静,我少动;

旅客睡，我轻动。在行为准则中体现礼仪文化。

二、服务特殊旅客体现礼仪文化

特殊旅客分为重点旅客、酒醉旅客等。我们需要将这些旅客作为重点，用心、细心、爱心来服务，体现礼仪文化。对重点旅客服务的相关内容参见模块5，下面介绍两种特殊旅客服务。

（一）对醉酒旅客的服务

醉酒旅客往往处于兴奋状态，做事不够理智，容易过激。对这类旅客服务，要细心关照，对话讲方法，不能当面斥责或直接打扰，引起旅客不满；也不能视而不见，任其影响其他旅客。应从关心角度，侧面提示，暗示引导；静悄悄服务，让旅客感受到乘务人员工作的友善。

（二）对单独出行老人或小孩的服务

这类情况多是家人没有时间无法陪伴同行，旅客和家人的共同心理是担心旅途安全，这时候乘务员应该给委托人"吃定心丸"："请不必担心，我们可以接受委托，全程为他们服务。"

服务中，对这类旅客要比对其他重点旅客还要用心，经常活动在他们周围，消除他们的孤独和恐惧感，多与他们交流，建立信任感；同时要留心旅客的一举一动，第一时间为他们提供帮助。

下车时，主动帮旅客拿好携带品。有接站人员，要当面交接；没有接站人员，要帮助送出站，必要时，经列车长同意，可以送到家。

三、细节服务中弘扬礼仪文化

同样的服务环境，同样的服务项目，让不同的乘务员去服务，其结果往往大不相同，造成这种差异的主要原因就是技巧不足。在乘务过程中，乘务员必须通过"看、听、笑、说、问"这5个举动了解旅客的需求，它不仅是满足旅客需要的重要环节，也是乘务员必须修炼的重要课题。

（一）"看"的技巧

在与旅客的交往过程中，乘务员要通过对旅客的表情、眼神、语言和动作等细节的观察来判断旅客的心意。掌握"看"的技巧,就可以对旅客的需求做出一个基本的判断,从而更好地服务旅客。

1. 看什么

观察旅客,是为了了解旅客的性格和不同需求,一般来说,要通过以下角度对旅客进行初步的观察与分析。

(1)看性别。俗话说男女有别,这种性别上的差异表现在性格等各个方面。在乘务中,女性旅客注重的是每个细小的环节,尤其对车厢环境、餐饮价格等方面比较注重;而男性旅客往往不太注重细小环节。

(2)看年龄。旅客年龄不同,服务需求也不同。例如,年龄大的旅客,在旅途中需要我们给予特殊的照顾;年龄小的儿童旅客爱动,喜欢新奇,乘务员就需要随时提醒家长看护好,以防发生意外或者引起其他旅客的不满。

(3)看服饰。"人不可貌相"这句话是说我们不可光凭外表来判断一个人,也就是常说的不能以貌取人、服务分等,但服饰往往也能判断出一个人的身份,从而有助于乘务员更有针对性地服务。

(4)看身体动作。身体动作是有声语言的延伸,更多的时候,身体动作甚至比有声语言更能表现一个人的内心思想和潜在意识。

(5)看表情。旅客对列车服务的满意程度都会通过表情反映出来,乘务员在和旅客沟通时一定要注意旅客表情,时时检查自己是否有令旅客不满意的行为。

2. 如何看

"看"旅客一定要面带微笑,要正面对旅客而不要斜视旅客。另外,面对熟悉程度不同的旅客,要掌握好看的"位置"。通常,对于经常乘车,比较熟悉的旅客要看"倒三角"位置,即两眼与鼻尖之间,这样对方会觉得更加亲切;对陌生旅客要看"大三角",即两肩与额头之间,这样才不会给旅客压力。

(二)"听"的技巧

语言最能表现出一个人的性格。说话快而且声音大的旅客往往性格外向,快人快语,对旅途中的某些不如意会毫无顾忌地直接反映出来;说话速度慢而且细言细语的旅客,往往更注重服务细微环节,即使是提意见也会选择场合,绝不会让人难堪。

一位旅客来到列车办公处,说:"小姐,你算错了50元。"

列车值班员满脸不高兴："你刚才为什么不点清楚,过后概不负责。"旅客说："那就谢谢你多给的 50 元了。"这个事例中,列车值班员有一种典型的心态——她在不知道发生什么事情的时候,本能地推诿责任。

由此可见,"听"是多么的重要。"听"是了解旅客需求的重要手段,也是尊重旅客的重要表现。一个不会"听"的乘务员不可能成为优秀的乘务员。无论是服务也好还是接待旅客投诉也好,"听"都是为旅客提供优质服务的首要前提。

倾听,不仅是对旅客的尊重,也是缓解双方冲突、以免引发投诉的润滑剂。

1. 听的原则

(1)耐心。任何人都不喜欢别人打断自己的话,他们在发表自己观点的时候,希望别人能够认真地听,这是被尊重的表现。我们经常听到有人生气地说:"你在听我讲话吗?""我在讲的时候,你最好注意听!"尤其是在旅客不满意的时候,一定要让旅客把话讲完。

(2)回应。光"听"还不行,乘务员要在听的过程中有所反应,如点头,不时地回应"是的""您说得很对"等,这样旅客才能知道你在认真地听他说话。如果旅客在很认真地反映问题,你一点儿反应都没有,尽管你一直保持微笑,旅客也很难了解你到底在笑什么,他希望直接得到你的回应或者解决方案。

(3)注视。旅客说话时,乘务员要始终保持与旅客的目光接触,这是证明你在听旅客说话的重要方式。如果旅客正在询问你某个问题,而你却忙着招呼别的旅客,或者东张西望、心不在焉,试想旅客会有一种什么感受?用眼睛看着对方说话,还有一个好处就是能通过旅客的眼神、动作、表情等身体语言判断出旅客的真实意思,借此去分析他说出来的需求和没有说出来的需求。

(4)揣摩。并不是每名旅客的话都那么直接和容易理解,所谓"话中有话""弦外之音",就是我们听到的话与旅客要表达的真实意思之间拐了一个弯。一名旅客在列车办公处补票,列车值班员告诉了他所到车站的价格。这名旅客又问:"提前一站下车要多少钱?"其实,这名旅客并不是真的要提前一站下车,或许是因为钱不足。因此,要锻炼从旅客的"话"中揣摩出其背后的真实意思的能力。

2. 听的五个层次

听的五个层次是听而不闻→假听→选择性地听→专注

地倾听→设身处地地聆听。

（1）听而不闻

听而不闻的表现是不做任何努力。你可以从一个人的肢体语言中看出,他的眼神和你没有交流,可能左顾右盼,身体频繁移动,精神涣散。这样的人往往心不在焉,只沉迷在自己的世界,对别人的话如同耳边风,完全没听进去。

（2）假听

假听就是做出聆听的样子让对方看到,但是根本没有用心在听。多是出于礼貌或迫于双方的身份、地位而"委曲求全"的一种行为。

辨别假听:对方可能在不断地点头,在不停地认同你的话,但基本上是敷衍式的,总是希望用最短的语言尽快结束这一话题。从不轻易就你所说的话进行延展性的评论,也不愿与你进行眼神的交流。

（3）选择性地听

选择性地听就是只听内容的一部分,倾向于听期望听到的内容,与自己意思相左的一概过滤掉。对感兴趣的部分,是专注地聆听;对不感兴趣的部分,可能在充耳不闻或者假听。

（4）专注地倾听

在认真地听讲话的内容,会愿意与你有眼神交流,有点头、身体前倾、侧头竖耳朵等肢体语言,但始终从自己的角度出发,即使每句话或许都进入大脑,但是否都能听出说者的本意、真意仍值得怀疑。一般人聆听的目的是做出最贴切的反应,根本不是想了解对方。

（5）设身处地地聆听

不仅是听,而且是努力理解讲话者所说的内容,站在对方的角度去理解他,对对方讲的话感同身受。

这种听多是为了理解对方,了解他为什么要这么说,这么说是为了表达什么信息、思想和情感。设身处地倾听,能够撇下自己的观点,进入他人的角度和心灵。

设身处地地聆听的出发点是"了解"而非"反应",也就是通过交流去了解别人的观念、感受。

(三)"笑"的技巧

微笑是一种轻松美丽的语言。每年的 5 月 8 日是世界微笑日,这个日子是在 1948 年确定的。

1.为什么要微笑

随着商品经济的日益繁荣,交通行业的不断发展,旅客的地位已经由被动转为主动。随着"旅客是上帝""旅客至上"等服务理念的推行,铁路开始重视微笑服务,并逐渐将微笑作为衡量职工的基本素质的要求之一。

微笑不仅可以缩短与旅客的心理距离,缓解紧张及不和谐的气氛,而且当乘务员处于微笑状态时,会有一种轻松而愉快的心态,这种心态可以激发工作热情。乘务员的微笑,向旅客传递的信息是"见到您很高兴,我很愿意为您服务"。这样的信息和热情也会感染旅客,让旅客也高兴起来。相反,如果乘务员紧锁眉头、愁眉苦脸,则会让旅客感到一种精神上的压抑。当旅客对服务不满时,乘务员这样的表情只能是火上浇油。

2. 什么是职业微笑

"职业微笑"是服务行为最常经历和消费者体会最深的印象,机械性的"职业微笑"往往被认为是习以为常的和麻木的,让人看了很不舒服。微笑应该是发自内心的,只有发自内心的微笑才能在感情交流的瞬间使对方感受到无微不至的关怀和善解人意的体贴。微笑不是僵硬地挂在嘴角上,它的灵魂是眼睛,眼睛的笑才是最动人的,而眼睛是心灵的窗户!

微笑是一种感情的自然流露,但作为一名乘务员,仅仅保持这种自然流露是远远不够的。真正的"职业微笑"的含义是不管你是否开心、是否高兴,无论你是否喜欢眼前的旅客,都要一直保持这种职业化的微笑,这种微笑并不是装出来的,而是发自内心的。

3. 怎样练习微笑

在笑容中,微笑是最自然大方、最真诚友善的。面露平和欢愉的微笑,说明心情愉快,充实满足,乐观向上,善待人生,这样的人才会产生吸引别人的魅力。

面带微笑,表明对自己的能力有充分的信心,以不卑不亢的态度与人交往,使人产生信任感,容易被人真正地接受。微笑反映了一个人心底坦荡,善良友好,待人真心实意,而非虚情假意,使人在与其交往中自然放松,不知不觉地缩短了心理距离。

乘务员在工作岗位上保持微笑,说明热爱本职工作,乐于恪尽职守,并能创造一种和谐融洽的气氛,让旅客倍感愉快和温暖。

那么,怎么练习微笑呢?(见图3-30)

看着镜子发音"E——",嘴角向后拉。

图3-30 微笑练习

慢慢减弱"E——"的程度,直到感觉自然为止。

反复做相同的动作,直到能自然保持这种表情而不需要再刻意发音。

微笑要与眼神相结合,眼神不笑很容易变成让人讨厌的"皮笑肉不笑"。

微笑要与语言相结合,如结合"您好""欢迎光临""有什么需要我帮助的?"等礼貌用语,不能光说不笑,过于严肃;也不能光笑不说,变成傻笑。

(四)"说"的技巧

"着急的事,慢慢地说;大事要事,想清楚说;小事琐事,幽默地说;做不到的事,不随便说;伤人的事,坚决不说;没有的事,不要胡说;别人的事,谨慎地说;自己的事,坦诚地说;该做的事,做好再说;将来的事,到时再说。"

"说"是乘务技巧中最为重要的一项。乘务员如果"说"得恰当,不仅可以营造一种融洽的沟通气氛,也可以为旅客友好地接受自己的服务奠定良好的基础。说话有说话的技巧,假如出口不够谨慎,没有考虑到旅客的立场,就很容易在无意间伤害旅客,而产生误解。"说者无心,听者有意"就是这个道理。

服务中"说"的基本要求是"待客三声,四个不讲"。待客三声:来有迎声(您好,欢迎光临)。问有答声:要有问必答,不厌其烦。去有送声:再见,欢迎再次乘坐我们的列车。

四个不讲,即不尊重对方的语言不讲,不友好的语言不讲,不客气的语言不讲,不耐烦的语言不讲。

(1)说的原则

俗话说:"说出去的话,泼出去的水。"这句话形象地说明了语言对人所产生的重要影响。在与旅客沟通的过程中,一句话就有可能引起旅客的不满,无论用哪种方式道歉都无法补救。在与旅客沟通的过程中,要让旅客始终感到心情愉快,保持有效的沟通,需要乘务员把握以下几个原则:

①有礼有节。

无论什么样的车厢场合,旅客都喜欢和彬彬有礼的乘务员交谈,并希望受到尊重和重视。事实上,语言是否"有礼"最主要的表现就在于敬语的使用是否恰当。"有节"就是要有节制,要注意旅客的反应,旅客不愿意听的不说,乘务员不该问的不问。

②悦耳动听。

有人说话悦耳动听,有人说话含糊不清,旅客大多希望乘务员声音甜美,但声音与音质是天生的,不可强求。优秀的乘务员恰如其分地掌握语速、音量和态度也能达到事半功倍的效果。

语速:在与旅客沟通的过程中,乘务员要注意语速不要过快。说话的速度过快,旅客会认为乘务员是着急把他打发走,或者是不耐烦;再者,旅客可能听不清楚乘务员在说什么。

语音:说话的声音同样要有所控制,不能过高或者过低。乘务员大声说话,旅客会误解为其素养不高,或者是在发泄不满情绪。

音调:乘务员在与旅客沟通时不能只是一个音调,否则会给旅客冷漠、没有诚意的感觉。音调的高低变化能够传达给旅客"我很愿意为您服务"的信息;在交流过程中运用不同的音调,会让旅客产生完全不同的理解和感受。

例如,将重音放在画线的位置,就能看出表达的意思不同:

我没有说过是您踩脏了这个卧铺单。(强调是别人说的)

我没有说过是您踩脏了这个卧铺单。(强调否定)

我没有说过是您踩脏了这个卧铺单。(还是你踩的,只是我没有说)

我没有说过是您踩脏了这个卧铺单。(强调是别人踩的)

我没有说过是您踩脏了这个卧铺单。(是踩脏了别的卧铺单)

我没有说过是您踩脏了这个卧铺单。(是踩脏了别的东西)

配合身体语言:有研究表明,人们获得的信息55%来自表达者的身体语言,38%来自对方说话的语气和语调,而只有7%来自对方的口头语言。因此,乘务员在与旅客沟通时,要调整和正确运用自己的身体语言,要给旅客一种热情、大方、可信的印象。

③注意事项。

说话时要用眼睛看着对方,不要漫不经心。

要保持正确而规范的交谈姿势。

要面对旅客,不要站在旅客的后面说话。

说话时身体要稍前倾,表示出对旅客的话题感兴趣。

对旅客的回应和表达要不时地点头,表示赞同或者理解、同情。

谈话时要面带微笑,表情丰富而不能僵硬。

(2)说的技巧

①说得肯定。

在服务中,乘务员说话要表现出自信,并且多用肯定的语气。不要模棱两可、似是而非。例如,当旅客听到乘务员说"我尽可能"就会想到"不能","我争取吧"就会想到"没有结果"。旅客希望听到的是"我会""我一定会""我竭尽全力帮您解决"等肯定的语气。比较一下下面的语言。

模糊的语言:我尽快帮您办理卧铺。(尽快是什么时间?)

肯定的语言:下一站停车时,您的卧铺问题就会解决。(准确的时间一定要周密计划)

模糊的语言:我争取帮您解决这个问题。(可能争取不到)

肯定的语言:我会尽力帮您解决这个问题。(可能做不到,但我会尽力去做)

模糊的语言:我等一下就来。(等一下是多久?)

肯定的语言:请您等我5分钟,我就来帮您。(干净利落)

②说出感情。

语言可以反映出一个人的感情。在与旅客沟通的过程中,乘务员要尽量表现出热情和关心对方的情感。这种情感的流露不仅是表情和身体,更和我们说话的方式紧密相联。在与旅客沟通时,一定要注意关注感情而不是关注事件。

比如,甲、乙两名乘务员对话,甲对乙说:"这个月客流不好,完成车补收入有一定的难度,车补奖励可能会少一些。"乙回答说:"还差多少?"这种回答就是对事件的关注,也没有表露任何感情。但如果回答:"还是加把劲吧,孩子都大了,花钱的地方多着呢!"相信这样的回答会让甲的感觉完全不同,这就是关注感情的结果。

再如,甲对乙说:"我看中了一套房子,决定把它买下来。"乙回答说:"在什么位置?"这也是对事件的关注。如果换成"那恭喜你了,什么时候到你的新房子去参观啊!"这就是对感情的关注,所以,从某种意义来说,怎么说比说什么更重要。

③说出赞美。

一位哲人说过:"赞美是人类最美的语言。"赞美是尊重对方、重视对方的最好表现,可以拉近彼此之间的距离。但是,赞美也是有方法的,如果太过于牵强或者表达得不好,就会让对方感到是在奉承,让对方生疑甚至反感。

赞美的关键是要找到赞美点,赞美对方可以赞美他(她)的仪表或者服饰,实在找不到赞美的地方,就赞美他(她)的气质、修养等。比如,乘务员希望家长照顾好孩子,如果直接说:"请照顾好您的孩子。"家长肯定会不高兴或者不配合。如果改成:"您的孩子真是活泼可爱,看他上下铺的麻利劲,就是一个健康顽皮的孩子。但是,经常有旅客拿着装满开水的方便面,千万要小心,别烫着孩子。"这种赞美式的劝告,效果会截然不同。

赞美必须真诚,发自内心,不能虚情假意;要有具体内容,不能抽象笼统;要实事求是,不能言过其实。

④服务禁语。

在与旅客交谈的过程中,要避免使用一些令旅客感到不能为他提供服务、不愿意为他服务、不能解决他的问题或者让他感到不愉快的语言,也可以说是一些服务禁语。

乘务中的服务禁语大体有:"不""我不能""不知道""这事我解决不了""规章就是这样规定的""这事不归我管""这事我做不了主,一会车长来了你和他说吧""不清楚""没看见我正忙着吗"等。

(五)"问"的技巧

向旅客发问是与旅客沟通的重要内容,通过询问可以增加与旅客交流的机会,更可以真实地了解旅客的需求。但如何向旅客提问,是一个技巧性的问题。

(1)要注意语气

事实上,旅客不太习惯别人向自己发问,因此,乘务员向旅客发问时,要注意语气,如一名旅客对列车上的影像系统感兴趣,如果问旅客:"这样高级的列车,第一次见吧?"旅客会认为你在轻视他,不知道该如何回答,使旅客产生自卑感。我们可以这样问:"现在的列车装备更先进了,您一定乘坐过很多这样的高等级列车吧?"这样的问题,旅客回答起来就会感到轻松,无论旅客回答是与否,乘务员都可以与旅客进一步沟通。

(2)有明确的目的性

如乘务员见旅客正在看时刻表,就应该主动询问:"您下车后是不是还需要转乘其他列车?我可以向您介绍适合您的车次和时间。"

(3)不要连续发问

向旅客提问的目的是要旅客说话,从旅客的语言中了解旅客的需求,但是必须注意的一点是语速不能过快,更不能连续向旅客发问。这样会给旅客一种被人质问的感觉,引起旅客的不悦。

(4)不该问的不问

向旅客提问不要涉及个人隐私,通常说要做到七不问,即不问年龄、不问婚姻、不问收入、不问住址、不问经历、不问信仰、不问身体状况。

(5)用开放式的问题征求旅客意见

在征求旅客意见、了解旅客需求时,要学会多用开放式的问题,让旅客发挥,让旅客说出真实的想法。比如,您认为我们列车的环境怎么样?您认为我们餐车供应的菜肴还需要从哪些方面改进?对旅客提出的好的建议要给予赞扬和肯定。

审问式的交谈就是封闭式的交谈,没有人喜欢这种交谈方式,"有什么意见可以向我说?""列车晚点,您有什么着急的事情?"等都是审问式的交谈方式,这种方式会给旅客一种被压迫的感觉。

建立对话式的氛围,乘务员一定要有耐心,要通过开放式的交谈让旅客多说一些,自己多听一些,并在此基础上,不断有意识地进行引导,最终达到满足旅客需求或者得到旅客谅解的目的。

实训任务单

任务名称	列车乘务服务礼仪实训
课程思政目标	1. 增强从事铁路服务行业的归属感和责任感,树立献身铁路事业的决心; 2. 培养团队合作意识、爱岗敬业的精神; 3. 提升服务意识,有效的沟通与处理问题的能力。
知识目标	1. 了解列车客运服务礼仪的基本内容与要求; 2. 了解列车服务礼仪的程序与标准; 3. 了解主要岗位及业务流程服务礼仪规范。
技能目标	1. 能够运用专业的知识与技能; 2. 熟练应用列车服务相关设备; 3. 为旅客在旅行的各环节提供周到满意的服务。
过程设计	
学习任务实施	（一）情境内容 **情境一** 姿态礼仪训练:以小组为单位,练习站姿、行姿、坐姿、蹲姿、鞠躬等礼仪姿态,并做出自评与互相评价。 **情境二** 接待礼仪训练:以小组为单位,分别模拟朋友见面、商务会见、探望老人、拜访师长、接待贵宾等情境,设计接待流程,并阐述以上行为的传统文化内涵,做出自评与互相评价。 **情境三** 车容整备礼仪训练:以小组为单位,以 YW25 车型为模拟情境,进行列车出乘前、运行途中、到站服务及终到(折返)作业的车容整备礼仪训练,并做出自评与互相评价。 **情境四** 动车乘务服务礼仪训练:以小组为单位,以模拟动车组车厢为情境,分角色扮演,进行高铁动车组一次乘务作业的模拟演练,并做出自评与互相评价。 **情境五** 餐车服务礼仪训练:以小组为单位,分角色扮演,分别模拟普速列车餐车及高铁列车情境,进行餐服员作业标准及服务礼仪训练。 （二）实训要求 1. 从实训项目中随机抽取一项,分角色扮演,相互配合,循环模拟,完成自评与互评。 2. 演练过程中,注意人身安全,组内配合作业时,相互做好人身安全防护。 3. 自评要客观真实,不回避问题,互评要认真公正,避免好人主义。

续上表

任务名称	列车乘务服务礼仪实训
完成情况评价	根据实训要求,采取学生和师生共同评分的办法,根据每次实训的成绩积分得出最后成绩。该分数主要在综合实训结束时体现,记入最后学期考核。 1. 实训考核共分为三部分综合评价。 (1)态度(20%):参与的积极性、主动性等。 (2)知识的掌握(30%):对各项规范、标准的认知、理解以及执行效果。 (3)知识的迁移(50%):灵活运用相关理论解决实际问题的能力。 2. 列车礼仪考核评分表见表3-6。 列车礼仪考核评分表　　表3-6 | 内容	规章运用效果	基本乘务礼仪				情境角色流程设计	情境角色问题处理	细节处理	总分
---	---	---	---	---	---	---	---	---	---
		仪容	姿态	语言	礼貌				
态度(20%)	4	1	1	1	1	4	4	4	20
知识的掌握(30%)	6	1.5	1.5	1.5	1.5	6	6	6	30
知识的迁移(50%)	10	2.5	2.5	2.5	2.5	10	10	10	50
考核标准	20	5	5	5	5	20	20	20		 实训项目编号(　　)互评人:
学习反馈	综合教与学两方面,谈谈自己的收获和建议。

模块小结

本模块主要围绕铁路旅客运输服务的重要环节——列车服务展开讲述,分别就列车乘务礼仪、车容整备礼仪、餐车服务礼仪等过程,结合各岗位作业标准说明各项服务技能及礼仪规范。对于规章规范没有面面俱到地摘抄,关键在于引导读者借鉴规章践行礼仪行为,提升以"礼"服人、以"礼"做事、以"礼"处世的能力。

通过本模块学习,初学者不仅可以掌握各岗位服务质量规范,还可以通过模拟训练提高业务素质、礼仪修养,增进与他人的沟通能力,为营造和谐生活、工作环境,培养社交、创业信心打下基础。

思考与练习

一、选择题

1. 对旅客(　　)提供相应服务,对重点旅客做到"三知三有"。

　　A. 车票等级　　　　B. 旅行生活

　　C. 正当要求　　　　D. 不同需求

2. 对重点旅客服务要做到"三有","三有"是指(　　)。

　　A. 有服务,有登记,有交接

　　B. 有礼貌,有服务,有帮助

　　C. 有登记,有交接,有帮助

　　D. 有服务,有帮助,有礼貌

3. 广播时广播用语(　　)、内容丰富、形式多样,播音(　　)、音量(　　)。

　　A. 规范,清晰,适宜　　B. 标准,清楚,合适

　　C. 规范,清楚,适中　　D. 适当,清晰,合适

4. 对(　　)等重点旅客做到重点照顾。

　　A. 妇、幼、残、首长、外宾

　　B. 老、幼、病、残、孕

　　C. 老、弱、妇幼、病、外宾

　　D. 弱、孕、残、首长、外宾

5. 礼貌用语十字是:请,您好,(　　),对不起,再见。

　　A. 劳驾　　　　　　B. 借光

　　C. 打扰　　　　　　D. 谢谢

二、判断题

1.《铁路旅客运输服务质量标准》中规定,短途列车的头靠套、茶桌布可根据情况随脏随换。　　　　　　　　(　　)

2.《铁路旅客运输服务质量标准》中规定：贴身卧具（被套、小单、枕套或枕巾）的使用，做到一客一换，卧具到终点站收取。（ ）

3. 贴身卧具，软卧每人一换，硬卧每单程更换，终到前40min收取。（ ）

4.《铁路旅客运输服务质量标准》对乘务人员仪容仪表的要求：着装统一规范，整洁大方，佩戴统一标志。（ ）

5.《铁路旅客运输服务质量标准》规定乘务员立岗姿势：面向旅客进站方向站立，挺胸、收腹，两脚跟并拢，脚尖略分开，双手自然垂直。（ ）

三、填空题

1. 客运职工职业道德中优质服务：做到_____，细心周到。

2. 在旅客面前不得吸烟、吃东西、剔牙齿和出现其他_____的动作。

3. 听旅客讲话时应_____，不得随意打断，正在行走遇有旅客问话时，应停下来回答。

四、简答题

1. 铁路客运服务具有哪些特点？

2. 客运职工道德修养内容有哪些？

3. 查阅资料回答，沟通的"八忌"有哪些？"五不讲"的内容是什么？客运职工不应有的说话方式有哪些？

4. 结合《铁路旅客运输服务质量规范》思考，总结动车组乘务作业、空调车乘务作业以及非空调车乘务作业标准有何异同。从服务质量和服务礼仪角度分析这些异同，并说明理由。

单元 4.1　车站客运服务礼仪概述
单元 4.2　车站客运员服务礼仪程序及标准
单元 4.3　主要岗位服务礼仪

模块 4　车站服务礼仪

【模块导读】

　　铁路客运站是铁路网的重要组成部分，是铁路与城市的接合点，以往它主要是办理旅客乘降等客运业务和旅客列车到发整备等技术作业的场所，而今已发展为城市和区域的综合交通枢纽和现代化客运中心，在城市发展中的地位、作用和影响发生了根本性的变化。伴随着动车组的开行，现代铁路客运站既要突出铁路功能，满足旅客方便、快捷、舒适乘车的要求，又要满足城市发展需求和综合交通协调发展的要求。

【建议课时】

　　4 课时

【课前导学】

单元4.1 车站客运服务礼仪概述

单元4.1 车站客运服务礼仪概述
单元4.2 车站客运员服务礼仪程序及标准
单元4.3 主要岗位服务礼仪

【知识目标】
1. 了解车站客运服务礼仪的主要内容；
2. 熟悉车站客运服务礼仪的基本要求。

【技能目标】
1. 能够根据岗位需要正确着装；
2. 能够在服务中正确使用服务用语，做到服务态度诚恳、热心，行为举止得体。

【素质目标】
1. 具有良好的服务态度、服务意识；
2. 具有团队合作意识、爱岗敬业精神。

思政园地 4-1

品读"最美铁路人"刘晓云先进事迹

刘晓云是中国铁路沈阳局集团有限公司大连站客运值班站长。1995 年，她从部队复员，脱下绿军装，穿上铁路蓝，成为一名铁路客运服务人员。2019 年，作为"全国模范退役军人"铁路代表，受到习近平总书记的亲切接见。2021 年，被中央宣传部与中国国家铁路集团有限公司评为"最美铁路人"。后又被光荣地授予"全国优秀共产党员"称号，受邀到天安门广场参加庆祝中国共产党成立 100 周年大会。到 2021 年，她在铁路客运岗位上一干就是 27 年，令人敬佩的是她 27 年如一日，坚持做好服务旅客这一件事，赢得了无数旅客朋友的真情点赞。(见图 4-1)

刘晓云作为一名铁路客运服务人员，她是平凡的，工作也是平凡的，但却一直在做一件不平凡的事情，那就是服务旅客，帮助旅客排忧解难，让旅客的出行更加美好、温馨。

客运工作看似简单，但要想做好、做优可不是一件容易的事。"问不恼，难不倒"是首先要学会的本事。旅客的需求各式各样，要想服务好旅客，不仅要学好专业知识，还要掌握一些特殊的技能。刘晓云把客运知识、服务标准、作业程序分门别类地制作成小卡片，有空就拿出来背，把全国主要干线停车站、时刻、票价等业务知

a)

b)

图4-1 刘晓云

> 识烂熟于胸,深度学习服务礼仪、心理学、英语和手语等。有时一句英语、一个手语都可能让旅客倍感温馨,一个个小小的善举都会成为让旅客这次出行难以忘怀的美好回忆。
>
> 满意只有起点,没有最好。服务永无止境,只有付出。正是有刘晓云这样爱岗敬业的铁路人,才让旅客对出行感到十分的幸福与舒适。这些铁路人在平凡的岗位上为旅客办实事、解难题,努力提供安全优质、智慧高效、融合畅通、旅客满意的服务,让流动的中国更加精彩。
>
> (摘编自人民网)

单元基础知识

一、车站客运服务礼仪的内容

车站客运服务礼仪包括售票处服务礼仪、候车厅服务礼仪、贵宾室服务礼仪、站台服务礼仪、出站口服务礼仪等。

二、车站客运服务礼仪的基本要求

1. 仪容仪表

(1)良好的仪容仪表是车站服务形象的表现。车站服务工作的特点是直接面向旅客为其提供服务,来自四面八方的旅客对为其服务的工作人员会留下直接而深刻的印象。良好的仪容仪表会产生积极的宣传效果,在一定程度上,车站服务人员的仪容仪表反映了一个组织或团体的服务形象和管理水平。

(2)良好的仪容仪表是优质服务的表现。服务人员的仪容仪表能满足旅客视觉美方面的需要,同时使他们感受到优质的服务,自己的身份地位得到应有的承认,求尊重的心理也会得到满足。

(3)良好的仪容仪表是车站管理水平的表现。服务人员的仪容仪表不仅反映了铁路经营管理者的管理理念和管理水平,而且通过个人形象的直接展现,体现出铁路工作者的自尊自爱。

车站服务人员必须注重个人的仪容仪表和风度,这是由其工作性质决定的。要求工作时精神饱满、仪容整洁、举止大方、表情自然。

根据《铁路旅客运输服务质量标准》的要求,车站服务人员有以下着装要求:

着装上要做到统一规范,整洁大方,佩戴职务标志;胸章(长方形职务标志)佩戴在上衣左胸口袋上方正中,上衣左胸无口袋时,佩戴在相应位置;臂章(菱形职务标志)佩戴在上衣左袖臂下四指处,车站女工作人员可淡妆上岗。

目前各铁路车站都非常重视仪容仪表训练,如图 4-2 所示。

2. 服务用语

铁路客运服务中,我们要用礼貌用语。礼貌用语是服务性行业的从业人员在接待贵宾时使用的礼貌语言。它具有体现礼貌和提供服务的双重特性,是服务人员用来与宾客进行信息沟通的重要交际工具,是优质服务的一种体现形式。

在服务用语上,客运车站服务人员要谈吐文雅、语言轻柔,语调亲切甜润,音量适中,讲究语言艺术。

3. 服务态度

在服务态度上,客运车站服务人员要诚恳、热情、和蔼、耐心。

微笑可以和有声语言及行动相互配合,起到"互补"作用,充分表达尊重、亲切、友善、快乐的情绪。微笑服务更是优质服务中不可缺少的内容。

在铁路旅客运输服务过程中,微笑必须贯穿全程。与旅客交流时首先应露出微笑,而且绝不能因为旅客的反应而被动地改变微笑的面孔。

4. 行为举止

在行为举止上,客运车站服务人员要表现得动作优雅,彬彬有礼。

在车站客运服务中,服务人员要以礼待人。在职业道德修养、文化知识修养、心理素质修养和行为习惯修养方面,服务人员要提高自己的水平,提高自己的自我控制能力,勤学苦练,自觉调整,养成良好的行为习惯。

a)

b)

图 4-2 铁路车站的仪容仪表训练

单元 4.1 车站客运服务礼仪概述
单元 4.2 车站客运员服务礼仪程序及标准
单元 4.3 主要岗位服务礼仪

单元 4.2 车站客运员服务礼仪程序及标准

【知识目标】
1. 了解车站客运服务礼仪的程序与标准；
2. 熟悉车站各岗位人员作业内容与基本要求。

【技能目标】
1. 能够熟悉并完成车站内各项服务工作；
2. 能够在服务中着装得体，按作业标准完成各项服务工作。

【素质目标】
1. 具有良好的服务态度、服务意识；
2. 具有团队合作意识、爱岗敬业精神。

  思政园地 4-2

图 4-3　全国劳动模范张润秋

用爱心浇铸的润秋服务品牌
——北京南站客运车间业务指导张润秋事迹

张润秋（见图 4-3）是北京南站首任值班站长。十几年来，她自觉践行"人民铁路为人民"宗旨，积极探索高铁时代旅客服务新规律，树立"享受服务、快乐旅行"新理念，用爱心行动带给旅客家的温暖，"润秋服务"成为中国高铁一个熠熠生辉的靓丽品牌。从一颗初心到坚定的决心、一系列服务举措，她为更好地回答每天千百旅客千百个问题、解决旅客难题，背熟了 400 余趟列车时刻表、32 万 m^2 站区布局、20 多条公交和地铁线路信息，被旅客誉为北京南站的"活地图""活时刻表"。从一个人到一群人、一个服务团队，她牵头创建全路品牌"润秋服务组"，总结出"三勤三到""六式六心"客运服务法，开设润秋热线、润秋博客、润秋微博，日均帮扶重点旅客 1000 余人次、解决问题 1500 余件、接受咨询上万次。从一个站到社会、到全路形成一张网，她注重发挥党内品牌辐射作用，牵头与 10 余所高校共建志愿服务基地，与 32 个社会组织建立联系，构建高铁站与站、站与车联网联动服务机制，共收到感谢信 9000 余封、锦旗 800 多面，被《人民日报》、新华社等媒体报道 1200 余次。先后获全国劳动模范、全国满意度服务明星、全路优秀共产党员等称号。

（摘编自搜狐新闻）

单元基础知识

一、班前准备工作

1. 客运值班员

(1) 参加点名会,接受命令指示,了解列车运行情况及重点工作。做到命令清楚,当日工作全面掌握。

(2) 按各岗位分工布置本班组的工作任务,提出具体要求。做到分工合理、任务明确。

(3) 检查仪容仪表,组织班组列队上岗。做到着装整齐、精神饱满。

(4) 组织对岗交接,检查服务区域人员上岗、保洁质量、服务设施、定置管理等情况。发现设备故障等情况,及时报告。做到交接清楚、卫生达标、备品齐全。

2. 客运员

(1) 参加点名会,接受命令指示,了解列车运行情况及重点工作。做到命令清楚、全面掌握情况。

(2) 接受客运值班员布置的具体工作和要求,做到任务明确。

(3) 整理仪容仪表,列队上岗。做到着装整齐、精神饱满。

(4) 进行对岗交接,检查负责区域保洁质量、服务设施等情况。做到卫生达标、设备良好、备品定位。

二、候车作业

1. 客运值班员

(1) 定时在候车室巡视,掌握旅客候车动态及重点旅客。做到巡视认真、信息掌握准确。

(2) 检查客运员作业执行情况,指导按标准作业,处理客运相关业务及旅客投诉。做到按章办理、及时处理。

(3) 按规定时间(列车在折返站停留时间为20min:下客5min,保洁5min,具体检票时间由各站确定)组织客运员按时上岗,进行检票作业。做到准时上岗,不误检、不漏检。

2. 客运员

(1) 在候车室(区域)入口处引导旅客候车。做到态度亲切、有序引导。

（2）服务在旅客周围，掌握旅客候车动态。做好重点旅客细微服务。

（3）执行作业标准，解答旅客询问，受理旅客投诉。做到首问负责，耐心解答询问。

（4）按广播预告，及时上岗进行检票作业，提醒旅客列车停靠站台。按规定时间停止检票。做到上岗准时，检票认真，不漏检、不误检。图4-4所示为工作人员检票时的工作照。

（5）妥善处理候车室（区域）内突发情况，及时上报。做到沉着果断，措施得当。

（6）遇到列车晚点时，做好宣传、解释工作，主动帮助旅客解决困难，稳定旅客情绪。做到耐心解释，妥善处理。

三、站台作业

1. 客运值班员

（1）组织客运员列队上岗，清理站台，检查立岗情况，做好乘降组织，解答旅客询问。做到分工明确，组织有序。

（2）与列车长办理重点旅客及客运业务交接。做到交接清楚，手续齐全。

（3）及时妥善处理突发情况。做到快速反应，密切配合。

（4）组织客运员列队撤岗，行动一致。

2. 客运员

（1）列车停靠站台前5min列队上岗，清理站台，做好接车准备。做到按时上岗、站台无障碍物及闲杂人员。

（2）列车进站后，按分工在上车车门处立岗，面向旅客进站方向，查验车票，解释登车安全，协助重点旅客上车，劝告送客人员不要上车，组织旅客有序上车。做到分工明确，安全有序。图4-5所示为客运员在站台上协助旅客的工作照。

（3）开车铃响，组织站台上的人员退到安全线以内；列车启动后，防止随车奔跑。确保安全。

（4）听从客运值班员指挥，列队撤岗，行动一致。

四、出站

有序组织旅客出站，做好出站验票工作，方便旅客快捷、迅速通行。

图4-4 工作人员检票时的工作照

图4-5 客运员在站台上协助旅客的工作照

五、班后交接

1. 客运值班员

(1)交班前,检查服务区域设备备品、卫生保洁质量、物品定位摆放等情况,核实重点旅客信息。及时审阅处理旅客留言簿,对设备故障等情况及时报告并办理交接。

(2)做到重点旅客信息翔实,重点事项交接清楚。

(3)召开班后总结会,填写值班日志。

2. 客运员

交班前,检查服务区域设备备品、卫生保洁质量、物品定位摆放等情况,核实重点旅客信息。

单元 4.1 车站客运服务礼仪概述
单元 4.2 车站客运员服务礼仪程序及标准
单元 4.3 主要岗位服务礼仪

单元 4.3 主要岗位服务礼仪

【知识目标】
1. 了解客运车站主要岗位工作内容与要求;
2. 熟悉客运车站主要岗位服务礼仪要求。

【技能目标】
1. 能够严格按照工作岗位要求着装、周到服务;
2. 能够在工作中有效处理各种问题。

【素质目标】
1. 具有良好的服务态度、服务意识;
2. 具有团队合作意识、爱岗敬业精神。

思政园地 4-3

开往春天的列车列车长——陈美芳

中国铁路上海局集团有限公司杭州客运段甬广车队列车长陈美芳(见图 4-6),工作 22 年来,在"绿皮车"上值乘了 1200 多趟,服务旅客超过 120 万人次,往返行程超过 380 万 km。

心系旅客冷暖,是陈美芳一直努力的方向,也促使她不断创新服务模式。2017 年,陈美芳邀请各行各业的劳模专家组成了一支"劳模智囊团",为旅客提供在线帮助。队伍中,光医护人员就达到了 20 多位,在他们的大力支持下,陈美芳和她的团队总能将列车上的紧急突发情况"化险为夷"。

如今,"陈美芳亲情服务团队"从一个人发展到 250 多人,除了用"四水服务法""最后一公里服务法"等优质服务不断温暖车厢,他们还积极响应浙江"最多跑一次"改革,替旅客跑腿补票,设置扫码查列车时刻,优化点餐服务,真正让旅客少跑腿。

22 年扎根铁路一线,从流水般的绿皮火车到风驰电掣的"复兴号",陈美芳说,作为一名铁路工人,她深刻地感受到这些年国家铁路的发展变迁。"我们祖国的繁荣富强,给我们这一代人创造了很高的平台、很多的机会,让我们在平凡的岗位上取得了一些不平凡的成绩,也让我们人生的价值得到了体现。跑车这个工作、列车员这个岗位很辛苦,但是给了我们很多的快乐。"陈美芳说。2019 年,陈美芳被评为最美铁路人。

(摘编自《人民铁道》)

a)

b)

图 4-6 最美铁路人陈美芳

单元基础知识

一、安全检查礼仪

1. 着装统一

穿着规定制服，帽徽和职务标志佩戴一致，服装干净，衣扣、领带、领结整齐，符合《铁路旅客运输服务质量标准》的要求。

2. 举止彬彬有礼

检查前，应主动说声"谢谢您的合作"，并主动伸手帮旅客把包放到检测仪上或抬到桌子上。检查过后应向旅客表示感谢："给您添麻烦了，祝您旅行愉快，再见。"

如果旅客比较多，应协助旅客进行检查，并婉转地提示旅客加快速度，提醒后一位旅客做好准备，避免出现拥挤忙乱的现象。

与旅客面对面宣传时，应做到声音温柔平和，态度和蔼亲切，并多使用"请""对不起""谢谢"等谦辞；不能蛮横粗野，更不能大喊大叫。

3. 为旅客着想

安检时，如发现违禁品，应向旅客详细指出哪些物品属于违禁品，严禁带进站、带上车。最好不要当着其他旅客的面检查包内的违禁品，应把包拿到一旁。因为一旦查出来会让旅客感到难堪，有时会引起旅客的逆反心理。

4. 学会使用"对不起"

由于自己的工作给旅客带来麻烦，尽管有些工作是按照铁路规章进行的，也应主动道歉，并对旅客的配合表示谢意。

二、问询引导礼仪

1. 符合岗位规范

（1）上岗前，做好仪容仪表的自我检查，做到仪表整洁、仪容端庄，符合《铁路旅客运输服务质量标准》的要求。

（2）工作中保持站立服务，站姿端正，精神饱满，面带微笑，思想集中，如图4-7所示。

2. 态度热情

（1）热情接待每一位中外宾客的问询，做到有问必答，用

图4-7 工作中的状态

词准确、简洁明了。

(2)学会察言观色,善于利用肢体语言表达情感,以便更好地与服务对象交流。

(3)不得与旅客争辩,不得使用粗俗的言语、鲁莽的举止。

3.正确引导

(1)使用正确的引导手势。正确的引导手势为手掌伸平,五指自然收拢,掌心向上,小臂稍向前伸,指向要去的方向。切忌伸出一个手指头,指指点点,如图4-8所示。

(2)使用正确的用语,使旅客有一种受人尊重的感觉。在当前的客运引导服务中,一方面,应逐步推广使用先进的电子引导装置来自动完成客运服务过程,体现一种"无声服务"的氛围,营造温馨、安静的车站服务环境。另一方面,应增强服务人员的素质,努力掌握礼仪规范,不断提高服务档次,提高综合服务水平,以体现礼仪引导的魅力。

图4-8　正确引导手势

三、候车大厅服务礼仪

候车大厅人多嘈杂,旅客身份较复杂,文化层次相差大,客流量大,要做好文明服务礼仪,体现现代铁路客运服务的新面貌,候车大厅服务是一个关键的场所。

1.候车大厅服务礼仪规范

(1)着统一服装,做到仪表整洁、仪容端庄,符合《铁路旅客运输服务质量标准》的要求。

(2)热情回答旅客的提问。在大厅遇到有人问询时,应停下脚步主动关切地问他:"先生(女士),您有什么事需要我帮忙吗?"显示出服务人员的诚恳和亲切。

(3)随时解决候车大厅中旅客遇到的困难,做到耐心细致。

(4)应始终服务在旅客的身边,不要等到旅客去找你。

2.售货服务礼仪规范

为广大旅客提供质优价廉、具有浓郁地方特色的旅行商品,不仅能满足广大旅客旅行购物的基本需求,也是体现候车环境文明和谐的一个方面。如果候车大厅文明礼貌、服务有序,售货处井井有条、服务到位,可以充分体现铁路服务的"人文关怀"。具体来说,售货服务礼仪规范如下:

(1)着统一服装,做到仪表整洁、仪容端庄,符合《铁路旅客运输服务质量标准》的要求。

（2）讲究个人卫生，上岗前不食带有腥味的食品，养成尊重旅客的良好习惯。

（3）在岗位上，要坚持站立服务，站姿端正，行姿文雅，精神饱满。

（4）热情服务，耐心为旅客解答疑问和展示商品，做到百问不厌、百挑不嫌，并给旅客当好"参谋"。

（5）在营业期间要坚守自己的岗位，不得三五成群、扎堆聊天或东张西望、东游西逛。

（6）在旅客面前切不可打喷嚏、掏耳朵、挖鼻孔、剔牙齿或随地吐痰，注意养成举止文明的行为习惯。

四、客运值班室服务礼仪

车站的客运值班室可以说是一个比较重要的服务岗位。它既是"问询处"，又是"消防队"，更是指挥所，每天都有接待不完的旅客和处理不完的事务。

在客运值班室，我们不但要解决旅客的投诉、接待重点旅客的来访、处理特殊旅客的困难，还要兼顾站车交接等问题，特别要做好"补救服务"。

因此，客运值班室的工作人员应该是素质高、经验丰富的客运工作骨干，必须要有高度的责任心，时刻从车站和铁路的大局考虑，从为旅客服务的观点出发，尽量满足不同层次旅客的需求。

如发现异常情况，要立即向上级汇报，千万不能一推了之。

客运值班室服务礼仪规范如下。

（1）着统一服装，做到仪表整洁、仪容端庄，符合《铁路旅客运输服务质量标准》的要求。

（2）接待旅客时，保持精神饱满，面带微笑，思想集中，注意自己的形象，坐姿、站姿和行姿都要自然得体。客运值班员要成为车站使用礼貌用语的表率，出言谨慎、口气婉转、态度诚恳、谦逊有礼。

（3）对旅客的问询，要尽力给予全面、详细、准确的答复，使旅客感到可信、放心、满意。对自己能答复的问题，决不推托给其他部门解答。

（4）在接待旅客投诉时，首先要做到热情接待、耐心听取、冷静分析，即使对方怒气冲冲、情绪激动，甚至蛮不讲理，也不能受其影响而冲动。相反，要心平气和、善解人意、逐步引导，充分尊重投诉者的心情，尽力帮助旅客处理好事务。

(5)在处理突发事件时,要沉着、冷静、果断,及时向有关方面通报信息,尽快求得指示和协助,在礼貌服务中体现出优质、高效。

五、验票服务礼仪

验票是车站服务工作中的重要环节,蕴含着服务艺术。验票时对旅客的尊重和礼貌能反映出车站的文明水平。在验票服务岗位上,工作人员也应该注重自己的言行和举止,自觉地树立良好的形象。

验票服务礼仪规范如下:

(1)着统一服装,做到仪表整洁、仪容端庄,符合《铁路旅客运输服务质量标准》的要求。

(2)验票中微笑着面对旅客,语气平和、吐字清楚、态度和蔼。

(3)如遇想上车补票而手上没票的旅客,要态度严肃、语气坚定地说:"对不起,这位先生(女士),请问您的车票呢?"或者说:"对不起,先生(女士),这趟车是对号入座,您必须凭票上车。"还可以说:"先生(女士),您能先补张车票后再进站吗?"

(4)如果因车站工作的失误给旅客造成麻烦,或者是旅客对车站某些工作不满,要从车站和全局的角度考虑问题,主动向旅客道歉,并想方设法为旅客解决困难。

验票秩序如何是车站文明程度的标志,尤其是在客流量大而列车停站时间短时,更能反映出车站的服务水准。

六、售票处服务礼仪

售票窗口虽小,却是车站服务的前沿阵地。曾经有统计表明,旅客对于售票窗口的评价90%在于售票员的态度。电脑售票的应用对售票窗口的服务提出了新的要求。售票员必须不断学习,提高自身技能,才能更好地为广大旅客提供服务。虽然售票时售票员与旅客只有几句简单的问答和几个简单的动作,但也要讲究售票艺术和礼仪规范。

售票员服务礼仪规范:

(1)着规定的制服。制服要经常清洗、熨烫,保持清洁整齐。必须佩戴职务标志或工号牌,做到仪表整洁、仪容端庄。

(2)工作时精神饱满、思想集中,不与同事闲聊。

(3)旅客购票时,要主动热情,态度和蔼,面带笑容。

(4)售票时,做到准确无误;对旅客表达不清楚的地方,要仔细问清楚,以免出错。

(5)业务熟练,工作有序,讲求效率。

有些车站根据售票窗口操作流程,可以形成"三语两声"的语言规范,即"讲好开头语,坚持标准语,用好结束语,做到服务开头有问候声,服务结束有道别声"。每个车站都可以从中总结规律和经验,让车票又快又好地到达旅客手中。图4-9所示为售票窗口客运工作人员的工作照。

a)

b)

图4-9 售票窗口客运工作人员的工作照

七、贵宾室服务礼仪

如果说车站是铁路运输服务的"窗口",那么贵宾室就是"窗口"中的亮点。

贵宾室是车站服务中的一个重要岗位。这里是迎接领导和贵宾的场所,贵宾服务质量的好坏、服务水平的高低,从一定程度上影响着铁路的整体形象。

作为一名贵宾室的服务人员,更要注重礼仪修养,提高服务技能,尽情地展现铁路服务的风采与魅力。

1. 贵宾室礼仪规范

(1)着装要求。贵宾室的服装有特殊要求,车站一般有统一的制服,靓丽而端庄。不要浓妆艳抹,要体现自然美,体现客运服务人员清纯、高雅的品质。

(2)仪容仪表。发型梳理整齐,保持清洁。蓬头垢面地为客人服务,会给人以懒散、萎靡不振的感觉。

2. 谈吐文雅、彬彬有礼

(1)热情地招呼:"您好!"或"您好,欢迎光临。"

(2)常用礼貌语言,多用"您""先生""小姐""首长"等,还应多用雅语,如用"贵姓"来代替"你姓什么",用"洗手间"来代替"厕所"等,体现出个人的文化素质和品德修养。

(3)当为宾客服务或与宾客交谈时,吐字要清晰,音量要适度,以对方听清楚为准,切忌高声讲话或大喊大叫。特别是当室内还有其他宾客的时候,大声说话是很不礼貌的。

(4)旅客在贵宾室候车时,尽量减少对旅客不必要的打扰,服务人员之间应做好交接工作,避免重复询问。

3. 服务符合规范

(1)接待贵宾时,保持精神饱满,面带微笑,思想集中,注意自己的形象,坐姿、站姿和行姿都要自然得体,如图4-10所示。

图4-10 接待贵宾时的工作照

(2)为贵宾端送茶水要及时,并注意将茶杯轻轻放在宾客座位旁的茶几上。

要展现服务魅力,不仅要有优秀的心理素质、高尚的品德修养,还要有娴熟的服务技能。贵宾室服务人员掌握的服务技能越多,越能体现车站服务水平,而这些服务技能往往来自日常的积累与实践。

八、站台服务礼仪

站台是车站服务的关键岗位之一,旅客在等车和上车时容易混乱,特别是客流量大的时候。由于站台上车来人往,容易发生安全事故,因此,站台服务要安全和礼仪相结合。

站台服务礼仪规范包括以下方面:

(1)着统一服装,做到仪表整洁、仪容端庄,符合《铁路旅客运输服务质量标准》的要求。上岗时要求不赤足穿鞋,不穿高跟鞋、钉子鞋、拖鞋,不戴首饰,不留长指甲,不染彩色指甲、头发,男性工作人员不留胡须、长发,女性工作人员头发不过肩。

(2)及时指引旅客到达列车即将到达的站台。

(3)迎接列车时,车站工作人员要足踏白线,双目迎接列车的到来,从列车进入站台开始到列车停靠站台为止。

(4)立岗姿势要求挺胸、收腹,两脚跟并拢,脚尖略分开,双手自然垂直。行走、站立姿态要端正。在工作中,不背手、叉腰、抱膀、手插衣兜或裤兜,如图4-11所示。

(5)列车进站前,要维持好站台的秩序。按车厢的距离安排好旅客排队等车。要时刻注意旅客的安全。个别旅客如站得离铁轨较近,要提醒他们站在安全线以后,以防列车进站时出现安全事故。

(6)列车员验票时,要配合列车员组织旅客排队验票、上车,防止发生安全事故。

(7)列车离开车站时,要足踏白线,目送列车开出站台为止。

a)

b)

图4-11 立岗姿势照片

九、出站口服务礼仪

出站口是车站服务的最后一个环节,服务礼仪依然不容忽视。当旅客下车后,出站口的卫生环境、工作人员的精神面貌、仪容仪表以及收票验票的服务动作、语言都会引起旅客的注意,给旅客带来不同的感受。

(1)着统一服装,做到仪表整洁、仪容端庄,符合《铁路旅客运输服务质量标准》的要求。

(2)精神饱满地站在岗位上,微笑着向旅客致意,给旅客亲切和热情的感受,让旅客感到受人尊重。

(3)若旅客使用纸质车票,收票验票的过程中,要言谈举止高雅,态度亲切。

(4)接票时,应主动去接,认真地看清票面。在车票上做好标记后,及时还给旅客。注意不要毁坏印有票价的部分。

(5)如遇到漏票的现象,要态度平和地要求旅客到补票处进行补票,切不可与旅客争吵或讽刺挖苦旅客,使旅客难堪,激起旅客的逆反情绪。

(6)验票室如遇到老人、妇女、儿童,要适当注意,协助他们尽快出站。

十、其他岗位礼仪规范

除上述各岗位工作人员须注意讲究礼节礼貌外,车站其他岗位的工作人员也应注意礼节礼貌,在岗位之间的工作交往或是在接待来访中,都要体现文明礼貌的行为规范。

(1)平时做到个人的仪表整洁、着装规范;仪容端庄,注意修饰;举止文明,仪态大方。

(2)上班时精神饱满,始终面带微笑;与人交往时,表情亲切自然;与人说话时语音柔和,音量适中;口齿清晰,简明扼要;敬语当先,措辞恰当。

(3)待人态度谦和,诚挚耐心。

(4)尊重他人,注意礼让,礼貌周到,礼节得当。

(5)办公室内要注意自己的坐姿,平时的站姿和行姿应正确。

实训任务单

任务名称	车站服务礼仪实训
课程思政目标	1. 培养团队合作意识、爱岗敬业精神； 2. 提升服务意识,有效沟通与处理问题能力。
知识目标	1. 了解车站客运服务礼仪的基本内容与要求； 2. 了解车站客运服务礼仪的程序与标准； 3. 了解主要岗位服务礼仪规范。
技能目标	能够运用专业的知识与技能为旅客在旅行的各环节提供满意的服务。
过程设计	
学习任务实施	一、应急处理训练 1. 情境设置 　　你是一名某车站进站检票口的验票人员,当某次列车已经停止检票进站时,有一位旅客急匆匆赶来并要求检票进站,并声称自己家中有急事,必须乘坐此次列车。遇到此种情况应如何处理?由两位同学分别扮演旅客和客运服务人员,做出正确的处理,并进行情境模拟。 2. 训练组织 　　将教学班级按人数划分为若干个小组,课前做好任务分配及各项准备工作。小组成员按照角色分别展示各项服务技能。 要求: 　(1)根据不同等级车站、不同等级列车等情况创设情境; 　(2)各组要考虑车站客运服务礼仪程序与标准要求,情节不能重复; 　(3)自编、自导、自演。 此外,也可以另外创设其他作业场景进行训练。 二、岗位作业流程与作业标准展示竞赛 充分体现仪容、仪表、仪态及服务用语。 三、综合实训 1. 训练候车服务、站台服务、出站服务。 2. 训练安检服务、验票服务。 3. 训练问询引导服务。 4. 训练售票服务、候车服务。

续上表

任务名称	车站服务礼仪实训
完成情况评价	请完成实训考核评分表(表4-1)。 实训考核评分表　　表4-1 | 考核项目	考核内容	分值	自评分	小组评分	实得分
---	---	---	---	---	---
团队合作	准备工作	10			
	情境设置效果	20			
	合作效果	10			
礼仪规范	仪容、仪表、仪态礼仪	30			
	作业流程掌握熟练程度	30				
学习反馈	综合教与学两方面,谈谈自己的收获和建议。

模块小结

本模块主要介绍车站服务礼仪的内容、特点与基本要求,车站服务礼仪的程序与标准,车站各岗位的服务重点与要求。学生通过学习,熟悉车站客运服务的内容,掌握客运服务的方法,培养服务意识、爱岗敬业精神。

思考与练习

一、填空题

1. 铁路车站客运人员是指车站在售票窗口、候车室、进站通道、旅客站台等处为旅客提供_____、_____的工作人员。

2. 铁路车站客运人员着装上要做到统一规范、整洁大方,佩戴职务胸章时应佩戴在_____,上衣左胸无口袋时,佩戴在_____。

3. 在铁路客运服务中,正确地引导手势为手掌伸平,五指_____,掌心_____,小臂_____,指向要去的方向。

二、判断题

1. 铁路车站客运人员着装上要做到统一规范、整洁大方,佩戴职务臂章时,应佩戴在上衣左袖臂下四指处。(   )

2. 铁路车站客运人员在服务态度上要诚恳、热情、和蔼、耐心。(   )

3. 站台客运服务人员在列车员验票时,不需要参与,只需要做好本职工作即可。(   )

模块 5 重点旅客服务礼仪

- 单元 5.1 重点旅客服务礼仪概述
- 单元 5.2 重点旅客服务礼仪的流程及预约
- 单元 5.3 铁路旅客运输手势语服务

【模块导读】

　　伴随着人们生活水平的不断提高，旅客对铁路客运服务质量的要求也随之提升。满足不同旅客的多种需求是铁路旅客运输不断追求的目标，尤其是在运输生产过程中，对老、幼、病、残、孕等重点旅客进行关怀和提供必要的服务，也是铁路运输企业提升客运服务质量的重要工作之一。本模块主要介绍了重点旅客服务礼仪的意义、重点旅客服务礼仪的流程、重点旅客预约服务、铁路旅客运输手势语服务等内容，旨在强调重点旅客服务礼仪的重要性。职业院校学生和从业人员遵守和执行重点旅客服务的程序与要求，使用必要的服务设施，熟练运用手势语和服务流程等是重点旅客服务礼仪的重要呈现方式，对提升铁路客运服务质量有很大帮助。

【建议课时】

　　8 课时

【课前导学】

单元 5.1　重点旅客服务礼仪概述
单元 5.2　重点旅客服务礼仪的流程及预约
单元 5.3　铁路旅客运输手势语服务

单元5.1　重点旅客服务礼仪概述

【知识目标】

1. 了解重点旅客的意义、特点；
2. 掌握重点旅客服务礼仪注意事项。

【技能目标】

1. 能够及时发现重点旅客的服务需求；
2. 能够依据注意事项，有针对性地对重点旅客进行服务；
3. 能够组织开展对重点旅客的服务工作或者提出建设性意见、建议。

【素质目标】

1. 明确铁路旅客运输服务宗旨，培育一切以旅客为中心、全心全意为旅客服务的意识；
2. 养成文明礼貌的服务态度及行为习惯，提升对重点旅客的服务能力和水平。

 思政园地 5-1

践行初心使命　志愿服务"158"

"做视障旅客的眼睛、听障旅客的翻译、残疾旅客的拐杖、年老旅客的港湾。"这是中国铁路上海局集团有限公司南京站"158"雷锋服务站客运值班员兼党支部书记黄吉莉对"158"雷锋服务站的描述。2000 年，铁路南京站精选 21 名服务骨干成立了一个班组，命名为"158"雷锋服务站，"158"，即"义务帮"，寓意为旅客提供志愿服务。"158"是专为老、弱、病、残、孕等重点旅客提供义务帮扶的站点，截至 2018 年，服务了重点旅客 100 余万人，收到感谢信 8300 余封。多年来，黄吉莉和同事们接续传承雷锋精神，为旅客办实事、解难事，在工作中发挥先锋模范作用、践行初心使命。图 5-1 为全国铁路劳动模范黄吉莉。

图 5-1　全国铁路劳动模范黄吉莉

(摘编自国新网)

单元基础知识

一、重点旅客的定义

重点旅客是指老、幼、病、残、孕旅客。特殊重点旅客是指依靠辅助器具才能行动的需特殊照顾的重点旅客。

二、重点旅客服务礼仪的意义

重点旅客服务礼仪是衡量铁路客运服务质量的主要标志之一，是铁路客运人文关怀和创建和谐铁路的具体内容，是铁路现代化管理、科学管理的一项重要内容，也是提升客运服务的有效途径。对于铁路旅客运输服务来说，重点旅客的服务与组织不仅是一种服务方式，还是铁路服务宗旨和铁路服务人员服务意识与服务理念的集中体现。因此，规范重点旅客服务礼仪标准和内容，提高重点旅客运输服务礼仪水平和能力，是保障重点旅客从购票、进站、候车、乘降、出站得到全过程优质服务的重要工作，是全面提升铁路旅客组织工作管理水平的重要措施。

三、重点旅客服务注意事项

在服务重点旅客时，要采用规范的服务礼仪内容，必须做到全面服务、重点照顾，对旅客的不同需求提供相应的服务，应注意服务的方式和语言，不做违背重点旅客意愿的服务。客运服务人员在开展重点旅客服务的过程中，应分析重点旅客的不同特点，针对他们不同的需求及时提供服务，如重病旅客乘车前、下车后的购票、生理需求及退票服务等。客运服务人员要加强自身的业务和综合素质的积累与提高，充分展现客运服务礼仪修养和技能，不断提高重点旅客服务质量。

由于重点旅客在语言、行动等方面的特殊性，对服务语言、服务方式、服务设施等有特殊需要，铁路运输部门作为承运人，要本着一切以旅客为中心的服务理念，安全、便利、高效地完成运输任务，相关人员要针对不同情况的重点旅客和需求及时提供服务。同时要提醒和告知旅客，了解并遵守国家相关的法律法规，听从工作人员的指导。

（1）关注旅客的基本要求：旅客需依据车票票面信息乘车，支付运输费用；当场核对票、款，妥善保管车票（电子客票），保持票面（电子客票）信息完整可识别；遵守国家法令和铁路运输规章制度，听从铁路车站、列车工作人员的引导；按照车站的引导标识进、出站，爱护铁路设备、设施，维护公共秩序和运输安全。

（2）规范对重点旅客的服务行为：承运人依照规定收取运输费用，要求旅客遵守国家法令和铁路规章制度，对损害他人利益和铁路设备、设施的行为有权制止、消除危险和要求赔偿，为旅客提供良好的旅行环境和服务设施，提供与车票等级相适应的服务并保障其旅行安全，文明礼貌地为旅客服务。

（3）对于特殊情况的处理：对运送期间发生的身体损害、对运送期间因承运人过错造成的随身携带物品损失，旅客有权要求承运人赔偿，铁路部门要依法依规妥善处理，维护旅客的切身利益不受损害。

单元5.2 重点旅客服务礼仪的流程及预约

单元5.1 重点旅客服务礼仪概述
单元5.2 重点旅客服务礼仪的流程及预约
单元5.3 铁路旅客运输手势语服务

【知识目标】

1. 了解重点旅客的服务内容；
2. 掌握重点旅客服务设施、备品等使用方法；
3. 掌握重点旅客服务礼仪程序和标准。

【技能目标】

1. 能了解和解释重点旅客服务设施、备品引导标识等的功能和使用方法；
2. 会使用重点旅客服务设施并开展服务；
3. 会使用12306、微信等方式完成预约并进行对应的服务；
4. 会填写重点旅客交接簿，按规定程序交接重点旅客。

【素质目标】

1. 规范自身行为举止，培育优良的礼仪修养和习惯，提升为旅客服务的意识和能力；
2. 能够展现客运服务礼仪的方法和技巧，提升对重点旅客的服务能力和水平。

思政园地 5-2

扎实职业技能 传递"铁色"温暖

"旅客朋友们大家好，欢迎您到涪陵北站乘车，您在候车期间，如有什么困难请与我们联系，涪陵北站全体工作人员将竭诚为您服务，再次预祝大家旅行愉快，一路平安……"走进涪陵北站，悦耳动听的广播提示萦绕在候车室每个角落，温暖着每一位出行的旅客。这"好声音"来自一位90后的客运值班员——刘佩晗。从校园到社会，从青涩到成熟，在截然不同的舞台上，她一如既往地用好声音传递着温暖与力量。

刘佩晗是涪陵车务段涪陵北站的一名客运值班员，毕业于重庆师范大学的播音主持专业。入路后，性格开朗的她将自己的专业特长投入到了铁路工作中。无论是车务段的各种联谊比赛、大会主持，还是车站内的广播，都少不了她自然甜美的声音。车站的进站检票、乘梯安全、春运出行温馨提示等广播语音都由刘佩晗录制，她标准流畅的普通话和极具亲和力的声音总能为旅客带去愉悦的享受，抚去旅程的疲惫。虽然参加工作只有两年，但其先后担任客运员、售票员、综控员……由于责任心强、业务基础扎实、表现优异，经过车务段择优选拔，成为渝利线最年轻的客运值班员。

刘佩晗带领的班组共14人，35岁以下青工就有12人，异地职工占一半。因为来自五湖四海，性格各异，如何尽快地团结班组、凝聚合力，考验着新担任班组长的她。每当身边的青年职工遇到业务障碍和生活难题，她总会耐心解答，与她们分享服务心得和标准规范。在她的带领下，涪陵北站客运二班通过了青年安全生产示范岗的验收。

"您好，请问需要帮助吗？"刘佩晗时常在勤务间隙为旅客耐心及时地提供帮助，为年迈的老人指引方向、为拖家带口的妇女背上行囊……遇到怒气冲冲的旅客，她总是面带微笑，耐心地帮助旅客解决问题。"入路以来，师傅就时常叮嘱我，遇见重点旅客，主动上前多问一句，多扶一把，多帮一下，把温暖真正送到旅客心坎上。"她说。（见图5-2）

图5-2 对儿童服务

"客运工作虽然普通，但力所能及地帮助到有需要的人，我就会感到非常幸福。"秉承着"用心、耐心、贴心"的"三心"服务理念，刘佩晗在平凡的工作岗位上奉献着自己的青春，温暖了南来北往的无数旅客。（见图5-3）

图5-3 90后客运值班员刘佩晗

（摘编自中工网）

一、重点旅客服务设施

(一) 服务设施设备

按照《铁路旅客运输服务质量规范》的规定,要对重点旅客服务处所配齐设施设备、服务备品和引导标识,并保证使用状态良好。其主要包括以下内容:

(1) 在售票厅设置无障碍售票窗口。

(2) 在服务台设置特殊重点旅客服务点,配备轮椅、担架等辅助器具;在重点旅客候车厅内设置无障碍卫生间。

(3) 在检票口附近的区域设置重点旅客候车专座,为老、幼、病、残、孕等重点旅客提供候车、检票便捷服务。

(4) 要保证在站内设置的无障碍通道、盲道、直梯等相关设备设施齐全,使用状态良好。

重点旅客候车专座使用国家规定的图形标识,板面基准色采用黄色,信息采用黑色。无障碍设施按照《铁路客运车站标识系统暂行技术条件》标准设置图形标识。配备的轮椅、担架等服务器械要放在规定位置,喷涂统一、规范,须含有"路徽 + 爱心"元素的标识。

(5) 在车站候车区设置相对封闭的哺乳区,设置标准按照国家十部委《关于加快推进母婴设施建设的指导意见》(国卫指导发〔2016〕63号)公共场所母婴设施配置推荐标准执行。

基本配置:面积一般不低于$10m^2$;防滑地面;带安全扣的婴儿尿布台;提供热水和洗手液的洗手台;婴儿床;便于哺乳休息的座椅;便于放置哺乳有关用品的桌子;电源插座;垃圾桶;保护哺乳私密性的可上锁的门,帘子遮挡设备;等等。要指派专人每日对哺乳区内的设备设施进行清理,确保卫生洁净。

(6) 在安检口、检票口指定1条通道,供重点旅客、军人、铁路工作人员以及距开车时间不足15min的旅客优先进站使用(利用电子显示屏或标牌对外公布)。

(7) 车站服务台配备医药箱,配备规定急救药品,为患病旅客提供应急服务。

(二) 重点旅客候车区、专座图形等标识

1. 重点旅客候车标识

重点旅客候车标识见表5-1。

重点旅客候车标识   表 5-1

图形标识	文字标识	含义
	老人专座 (Seat For Elderly)	表示供老年人使用的座位,可与带小孩儿旅客专座、伤病人士专座和孕妇专座组合使用,表示"老幼病残孕专座(Courtesy Seat)"
	带小孩儿旅客专座 (Seat For Child)	表示供带小孩儿的旅客使用的座位,可与老人专座、伤病人士专座和孕妇专座组合使用表示,表示"老幼病残孕专座(Courtesy Seat)"
	伤病人士专座 (Seat For Passenger With Babies)	表示供病人使用的座位,可与老人专座、带小孩儿旅客专座和孕妇专座组合使用,表示"老幼病残孕专座(Courtesy Seat)"
	孕妇专座 (Seat For Patient And Injured)	表示供孕妇使用的座位,可与老人专座、带小孩儿旅客专座和伤病人士专座组合使用,表示"老幼病残孕专座(Courtesy Seat)"

2."路徽+爱心"标识示例

"路徽+爱心"标识如图5-4所示。

喷涂标识尺寸:15cm×15cm

粘贴位置:既有轮椅喷涂在身体靠背侧居中位置,担架喷涂在正面居中位置。

图 5-4 "路徽+爱心"标识

(三)重点服务的主要项目

铁路客运工作人员要严格执行首问首诉负责制度,旅客问询时,做到有问必答,回答准确;对旅客提出的问题不能解决时,指引到相应岗位,并耐心做好解释;尊重民族习俗和宗教信仰。

重点旅客享有优先购票、优先进站、优先检票上车等便利服务;遇特殊重点旅客,客运人员必须主动询问,根据需求为特殊重点旅客提供帮助，做到知位置、知车次、知困难，有服务、有交接、有通报（简称"三知三有"）。

要及时签收12306官方网站平台（互联网、电话预约）等流转的重点旅客预约服务及重点旅客预约服务登记，全面了解、掌握重点旅客旅行需求，客运人员接听电话时，先向旅客通报单位和工号。

发现需要特殊照顾的重点旅客，必须要主动询问，主动提供服务。本着全面服务、重点照顾的原则，对重点旅客做到"三知三有"。车站对重点旅客应优先检票进站，重点旅客乘车时应与列车长办理重点交接，告知旅客座席、到站及困难情况。通知旅客到站的客运值班站长重点旅客的实际情况，通知内容有发站、车次、到站、到达日期、车厢号和服务需求（轮椅、担架、救护车人员服务等）；到站根据通知要求做好提前接站准备及服务工作。发现中小学生及儿童集中乘车时，要按照特殊重点旅客进行服务，并做好安全防范。对中小学生集中候车的区域，客运工作人员要加强巡视。

列车上按规范设置无障碍洗手间、座椅、专用座席等设施设备，并保持其作用良好。发现行为、神情异常的旅客时，要重点关注，配备乘警的列车通知乘警到场处理，未配备乘警的列车由列车长按规定处理，情形严重时交列车运行前方停车站处理。发生旅客伤病时，提供协助，通过广播寻求医护人员帮助，情形严重的，逐级上报。为有需求的特殊重点旅客联系到站提供担架、轮椅等辅助器具，及时办理站车交接。

发生旅客人身伤害或急病时，车站或列车应会同公安人员勘察现场，收集旁证、物证，调查事故发生原因，编制客运记录或旅客伤亡事故记录并积极采取抢救措施，按照旅客人身伤害或疾病处理的有关规定办理。

二、重点旅客服务流程

由于重点旅客的特殊性，铁路客运服务人员要具有一定的服务水平和相应的工作能力，站段、车间等要有规定人员组织实施此项工作，尊重旅客的需求，根据不同旅客，按照规定的流程进行，以保障服务工作的圆满完成，具体以站段规定为准。

售票厅维持秩序人员在厅内发现重点旅客时，可以将其引导到重点旅客售票窗口优先购票，并告知可以到服务中心享受重点服务,必要时将旅客护送到重点旅客候车室。工作人员在候车室发现重点旅客或有重点旅客求助时,可将其引导至服务中心,由服务中心工作人员在重点旅客登记簿上登记。图 5-5 所示为问询服务,图 5-6 所示为轮椅服务。

图 5-5　问询服务

图 5-6　轮椅服务

1. 重点旅客预约服务

旅客可通过拨打预约服务电话或在 12306 网站、微信公众号上预约,详见本节"三、重点旅客服务预约";可以由服务中心或综控室人员负责在重点旅客预约服务受理单上进行预约登记,并告知旅客提供服务的时间和地点。重点旅客预约服务受理单见表 5-2。

对拨打预约电话需要使用轮椅接送的,服务中心为送站家属办理"接送站凭条",如送站家属为同行人,则无须办理。为其提供专区候车休息,提前检票进站、专人(轮椅)护送上车等服务。服务结束后,在重点旅客预约服务受理单上完成重点服务登记相关内容。

重点旅客预约服务受理单　　　　　　　　　　　　　表 5-2

受理单号				
受理单号			受理时间	
来电人(预约)			来电电话(预约)	
特殊重点旅客姓名(身份证号)	性别		联系电话	
购票证件类型	购票证件号码		购票站	当日购票必须填写
乘车日期	车次		乘车站	
到站	车厢号		席位号	
旅客类型		同行姓名人数 联系电话		
服务需求	优先进站 提供担架	便利出站 其他(注明)	提供轮椅	
信息流转				
流转日期			流转时间	
承办单位	主送	××站　××客服中心		
承办单位	抄送	××站		
备注				

2.重点旅客移交服务

车站客运指挥中心、车站综控室等相关单位和人员接到列车移交重点旅客的通知后,要向服务中心(或企业规定单位)通告,由服务中心联系站台值班员或指派专人提前到站台,与列车办理交接,需要轮椅时要推轮椅到站台接站,并要将重点旅客护送出站或进行其他服务,同时做好重点旅客服务登记。

站车交接:车站、车间要做好各岗位、各班次及站车间的特殊重点旅客服务交接工作。站车之间应及时通报特殊重点旅客服务信息,并按规定程序及结合实际情况办理,示例如下:

(1)管内的由发站客运值班主任(值班员)通知旅客到站客运值班站长(客运值班员、值班主任)。

(2)跨集团公司的由发站客运值班主任(值班员)报告本局集团公司客运调度员(简称"客调")。

(3)客运值班主任(值班员)负责接收旅客列车上发现的到站为本站的特殊重点旅客信息,并根据通知要求提前做好接站准备及服务工作。

(4)通知内容包括发站、车次、到站、到达日期、车厢号和服务需求(轮椅、担架、救护车、人工服务等)。

(5)站车交接时填写(特殊)重点旅客服务交接簿(见表5-3),内容要全面翔实,不得遗漏。

三、重点旅客服务预约

(一)重点旅客服务预约的意义

为重点旅客服务提供预约服务对提高客运服务质量有着重要的意义。预约服务的实现能够有预见地准备必要的设施,并为此做好组织工作,有序安排普通旅客和重点旅客的运输秩序,最大可能地满足特殊群体的需求。预约服务体现了人民铁路为人民的服务宗旨,展现了铁路旅客运输的人文关怀,进一步提升了铁路客运服务质量。铁路旅客运输始终以安全、速度快、能力大的优势发挥着不可替代的优势。随着数字信息技术水平的不断提高,对重点旅客提供预约服务又成为铁路旅客运输服务的一个亮点。

预约要遵守相应的流程,做到有准备、有计划,以更好地完成服务工作。(见表5-4)

(特殊)重点旅客服务交接簿　　　　　　　　　　　　　　　　　　　　　表5-3

编号：_____　　局别：_____　　填制单位：_____站

日期	姓名	车次	发站	到站	车厢席位	到达日期	类别	服务人	服务内容	通知到站		签字	
										时间	受话人	发站客运值班员	列车长

（到站客运值班员 列作最后一列）

编号规则及填写要求：

1. 集团公司编号规则。按照特殊重点旅客服务交接簿编号原则，编号以8位数字表示，其中第1、2位数字为集团公司编号。
2. 直属站编号规则。
   (1) 第3、4位编号为车站等级，具体为：特等站00，一等站01，二等站02，三等站03，四等站04。
   (2) 第5、6位编号为直属客运站编号。
   (3) 第7、8位编号为直属站所辖车站，没有所辖站的填00。
3. "类别"栏为老、幼、病、残、孕五类。
4. "服务人"栏为提供具体服务的车站客运员、列车乘务员姓名。
5. "服务内容"栏，车站指优先售票、优先进站、送车、接站，列车指安排餐车就座、优先补票(安排席位)，须注明是否提供轮椅、担架等辅助器具。
6. 签字栏由车站客运值班员、列车长签名。
7. 本表供站车交接用。发站填写时，一式三份，发站交接时，一份自存，两份交列车；到站交接时，一份列车保存，一份到站保存。列车填写时，一式两份，一份自存，一份交到站。站车均应按编号顺序装订、保管。
8. 原始表格建议保留一年。

预约流程表　　　　　　　　　　　　　　　　　　　　　　　　　表5-4

受理单位	重点旅客	首诉客服中心	承办客服中心	乘车站	列车	到站
客服中心受理	1 旅客提出预约服务	2 判断是否符合重点旅客服务条件	4 流转承办客服中心	5 现场确认是否符合，符合的提供服务与列车交接	6 提供服务与车站交接	7 提供服务与列车交接
		若不符合条件，告知不符合重点旅客服务条件				

续上表

受理单位	重点旅客	首诉客服中心	承办客服中心	乘车站	列车	到站
客服中心受理		3 判断是否为本局乘车站填写、流转重点旅客预约服务受理单				
车站受理				1 确有需求的重点旅客 2 提供服务 3 办理交接	4 提供服务 5 办理交接	6 提供服务
列车受理					1 确有需求的重点旅客 2 提供服务 3 办理交接	4 提供服务

(二) 重点旅客服务预约的方法

选择铁路运输出行方式的旅客有相当一部分年龄较大、行动不便和异地就医,另外在旅行过程中也有突发需求的可能,可通过铁路12306网站、中国铁路12306App、铁路12306小程序、12306铁路客服热线和中国铁路微信公众号预约。

1. 下载中国铁路12306手机App

(1)下载中国铁路12306手机App后打开,点击"温馨服务"(见图5-7)。

(2)选择"重点旅客预约"(见图5-8)。

(3)填写相关信息后提交即可(见图5-9)。

(4)点击"阅读已同意"(见图5-10)。

2. 中国铁路12306官网

(1)登录中国铁路12306官网,进入中国铁路客户服务中心官网界面(见图5-11)。

(2)点击"铁路畅行"(见图5-12)。

图5-7 点击"温馨服务"

图5-8 选择"重点旅客预约"

图 5-9　填写相关信息　　　　图 5-10　点击"阅读已同意"

图 5-11　中国铁路客户服务中心官网界面

图 5-12　点击"铁路畅行"

（3）点击"温馨服务"（见图 5-13）。

3．"铁路 12306"微信公众号

（1）关注"铁路 12306"微信公众号，点击"更多信息"（见图 5-14）。

图 5-13　点击"温馨服务"

(2)点击"温馨服务"(见图 5-15)。

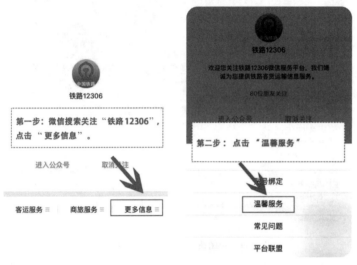

图 5-14　关注"铁路 12306"，　　图 5-15　点击"温馨服务"
　　　　　点击"更多信息"

(3)点击"重点旅客预约"(见图 5-16)。
(4)点击"同意"(见图 5-17)。

图 5-16　点击"重点旅客预约"　　图 5-17　点击"同意"

176 │ 铁路客运服务礼仪(第 2 版)

单元 5.1 重点旅客服务礼仪概述
单元 5.2 重点旅客服务礼仪的流程及预约
单元 5.3 铁路旅客运输手势语服务

单元5.3 铁路旅客运输手势语服务

【知识目标】

1. 熟知手语服务的重要性和基本内容；
2. 掌握日常手语的基本打法；
3. 掌握铁路客运服务中手语的常用方法和技巧。

【技能目标】

1. 会使用手语数字、字母的基本方法；
2. 会使用基本铁路常用手语对重点旅客开展针对性的服务；
3. 有继续学习手语、丰富客运服务范围的思路或者建设性意见、建议。

【素质目标】

1. 明确铁路旅客运输服务宗旨，养成全心全意为旅客服务的意识；
2. 养成良好的服务意识和行为习惯，提升对重点旅客的服务能力和水平。

思政园地 5-3

提升企业形象　创新服务技能

"欢迎乘坐我们的列车，有需要帮助的地方请告诉我们。"在福州至上海南 K164 次列车上，列车长王淼淼一字一顿地边比画着手势边纠正参加手语培训的乘务员的动作。

福州客运段沪宁车队担负着福州至上海南 K164/3 次、福州至南京西 K526/5 次列车的乘务任务，两趟车都经过福建著名旅游风景区武夷山，乘车的旅客多数来自长三角地区。说起乘务员学习手语热，在车上执行添乘指导工作的车队党总支书记刘理军告诉记者：事情源于××××年10月国庆长假，3 位有语障和听障的旅客从南京西乘坐 K525 次列车到武夷山旅游，持的是 6 号车厢的座位票，但在经过软卧 6 号包厢时就直接进去休息了，当乘务员告诉他们进错了地方时也不理会，列车长张彬见他们存在着语言和听力障碍，就用笔写给他们看，但是他们比画着手势就是不肯挪位，而且情绪逐步激动。好在有位旅客看懂了他们的手语才把误会给化解了。列车长张彬由此受到了启发：组织乘务员学习手语，消除与存在语障、听障的旅客交流时的障碍。刚好他的搭档列车长王淼淼曾经在学校学过手语，因此成为手语老师。

乘务员学习手语的消息一传开，立刻引起车队干部的重视，车队长郭明宗认为这项活动可以纳入创新服务方式的重要内容，运用手语与存在语障、听障的旅客交流是对这部分旅客的人格尊重。因此，手语培训在全队展开，列车长王淼淼也就成为手语培训的"流动老师"，每趟出乘就利用乘务员换班前的10min进行手语培训（见图5-18）。培训的内容先是从文明服务"十字用语"开始，再到乘车安全注意事项等，现在她负责的列车上的软卧列车员、列车值班员基本都能熟练地运用手语与有语障、听障的旅客交流。

图5-18 列车长王淼淼组织乘务员学习手语

旅居新加坡的华侨裘先生先天性听障，有次乘坐福州至上海南的K164次列车时，因为年纪较大，想将上铺换为下铺，他担心乘务员看不懂自己的手语，连笔带画地将要求调铺的字条递给列车长，旁边的列车员小吕立刻用熟练的手语答复了他的要求，这让裘先生大感意外。当他得知乘务员为给存在语障和听障的旅客提供手语服务时非常感动，临下车前特意找到列车长，用手语表述：此时无声胜有声，热心感动听障人士。目前，熟练运用手语已经成为这个车队乘务员服务技能的必修课。

(摘编自央广网)

单元基础知识

一、手势语概述

手势语亦称"哑语""手语"，是以手的动作和面部表情表达思想、进行交流的手段。大多是用手势比画动作，通过手势变化模拟形象或者音节来表示一定的意思。对有听力障碍的人来说，这是一种重要的交流方式，是有声语言的一种有效辅助手段。手势语是语言的一个分支，也是一种特殊的语言形式，对于常人来说学习一些基本手语也是必要的。本书所指手势语（简称手语）主要针对铁路客运服务中的听力障碍人士。

手语在使用时，多伴有上肢和身体的动作，在表达体系上有两类：

（1）不完全遵循有声语言的语言规律，表达过程无严密的顺序。

（2）完全遵循有声语言的语言规律，表达过程与口语、书面语一致。

因手的表现力有限，故表达概念不如有声语言准确，且难以表示抽象概念。在听障人士教育中，需结合其他语言形式加以运用。

手语作为一种特殊的语言表达形式，并不是国际通用的语言，不同国家会根据本国的语言特色、语言习惯以及思维方式的不同来创造属于自己国家的手语。在我国，手语在不同的地区偶尔有不同。就目前来说，全世界已知的手语超过100种。

有位教授曾说过，听障人士存在多久，手语便存在多久，手语是一代接一代地发展出来的。与所有的自然语言一样，手语也根据其地理位置的分布而有不同变化。

二、日常手语示例

1. 汉语手语字母图表

表 5-5 为汉语字母手势表。

汉语字母手势表 表 5-5

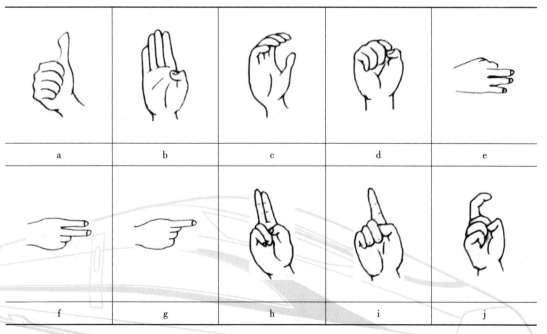

续上表

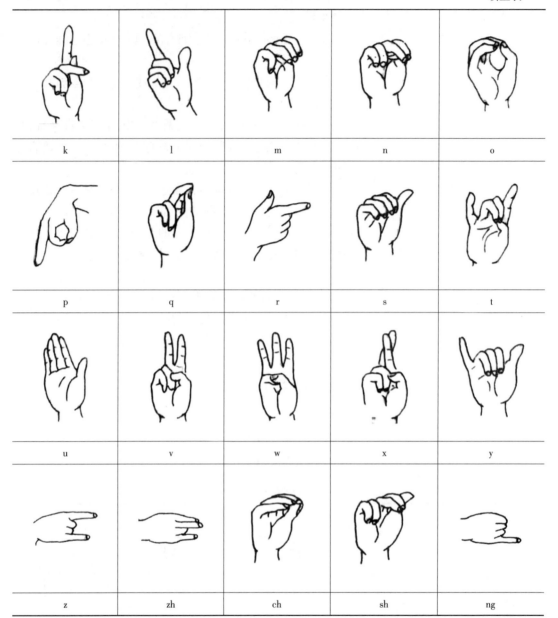

2. 数字手语图表

表 5-6 为数字手语图表。

数字手语图表　　　　　　　　　　表 5-6

续上表

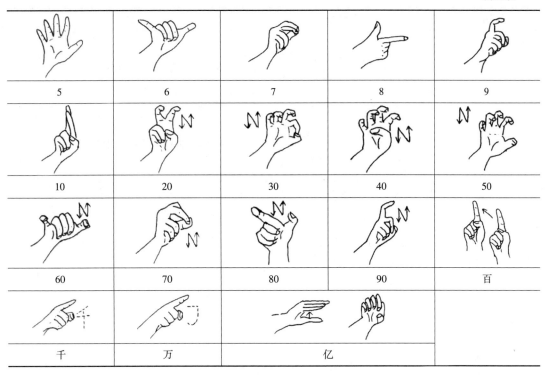

3. 常见生活词语手语表

表5-7为常见生活词语手语表。

常见生活词语手语表　　　　　表5-7

词语	手势方式	注意事项
早上好		早上——一手四指与拇指相捏，手臂向上横放胸前，向上抬起，拇指逐渐展开。好——一手伸出拇指
很高兴 认识你		很——一手食指横伸，拇指尖抵于食指根部，向下一顿。高兴——双手横伸，掌心向上，上下交替，动几下，面露笑容。认——一手食、中指分开，指尖朝前，自眼部向前移动一下。识——一手食指在太阳穴处点一下。你——一手食指指向对方

续上表

词语	手势方式	注意事项
再见		一手上举,五指背屈,上下挥动几下
你好		一手食指指向对方,一手伸出拇指
谢谢		一手伸出拇指,弯曲两下
需要帮助吗		需要——一手伸拇指,食指指向胸前微点动。帮助——双手掌心向外拍动两下
对不起		一手五指并拢举于额际,下移,改伸小指在胸部点几下
明天见		明天——一手食指指向太阳穴,头微偏,食指向外移动,头部转正。见——双手食、中指微曲,指尖相对,从两侧向中间移动

4. 使用手语的一些注意事项

在不同国家甚至不同地区,同一手势往往代表不同的含义,有些手势甚至差别很大,所以在使用手语时,要明确地点环境,让手语表明准确意图,发挥它在生活工作中的作用。

(1)出大拇指和小指的手势代表什么?

在很多国家,这两个手指分别表示好和坏,不过仍有很多人用大拇指表示男性,用小拇指表示女性。譬如说,问男性有没有女朋友的同时伸出小拇指。但是要注意,在有些国家,这是一个不很文雅的动作,在正式场合慎用。

(2)向上伸大拇指。

这是最常用的手势,在我国,表示夸奖和赞许,意味着"好""妙""了不起""高明""绝了""最佳""顶呱呱""盖了帽了""登峰造极"。在其他国家也表示对来自远方的友人的问候,还表示"男人""您的父亲",表示"首级""父亲""部长"

和"队长",表示祈祷幸运,表示要搭车,伸出大拇指指东西等。另外,有的国家认为,竖大拇指是一个粗野的动作。所以在使用时要注意使用的地点环境,避免造成误会。

(3)向下伸大拇指。

世界上有相当多的国家和地区都使用这一手势,但含义不尽相同。在我国,把大拇指向下,意味着"向下""下面"。在其他国家,有"不能接受""不同意""结束"之意,或者表示"对方输了",表示"没用""死了"或"运气差",表示"失败",表示讥笑和嘲讽,表示"倒水"和"停止"等。

(4)向上伸食指。

使用这一手势的民族也很多,表示的意思也不尽相同。在我国,向上伸食指,表示数目,可以指"一",也可指"一十""一百""一千"等整数。其他国家,有表示只有一个(次)的意思;让对方稍等;学生在课堂上向上伸出食指,老师才会让他回答问题;谈话时伸出食指,表示所谈的事最重要;在酒吧、饭店向上伸出食指,表示"请来一杯啤酒";表示顺序上的第一;等等。另外,在一些国家,用食指指东西是不礼貌的。

(5)伸出食指和中指。

在欧洲绝大多数国家,人们在日常交往中常常伸出右手的食指和中指,比画做 V 形表示"胜利","V"是英语单词 Victory(胜利)的第一个字母。不过,做这一手势时务必记住把手心朝外,在英国尤其要注意这点,因为在欧洲大多数国家,做手背朝外、手心朝内的 V 字形手势是表示让人"走开"。在我国,V 字形手势表示数目"2""第二"或"剪刀"。在非洲国家,V 字形手势一般表示两件事或两个东西。

(6)伸出食指和小指。

在欧洲大多数国家,人们向前平伸胳膊,再伸出食指和小指做成牛角状,用来表示要保护自己不受妖魔鬼怪的侵害。在非洲一些国家,这种手势若指向某人,则意味着要让那人倒霉。在拉丁美洲一些国家,把伸出食指和小指的手竖起来,表示"交好运"。

(7)弯曲的食指。

其在我国表示数字"9";在一些国家有的表示小偷、钥匙、上锁、有错误、度量小、死亡,还有的表示数字"5"、招呼某人到他那里去。有些国家用食指对人摇动,表示不满、反对或者警告的意思。

(8)中指和食指交叉相叠。

在我国,中指和食指交叉相叠表示数目"10"和"加号";在一些国家,这一手势则表示"关系密切""祝愿""祈祷幸运""期待""期盼""曲折"和"邪恶"。有一些国家则表示"结束""完成""发誓""赌咒",或者指"对方撒谎",表示东西或数字"相加"等。

(9)向上伸中指。

在我国有些地方表示"胡扯",四川等地用这一手势来表示对对方的侮辱。在有些国家表示愤怒、憎恨、轻蔑和咒骂、不同意。

(10)向上伸小指。

在我国表示小、微不足道、拙劣、最差的等级或名次,还可以表示轻蔑。在有些国家表示女人、女孩子、恋人、妻子、女朋友,或者是打赌;还表示小个子、年轻或指对方是小人物、朋友、交朋友、懦弱的男人或打赌等。

(11)伸直中指、无名指和小指。

在我国表示数字"0"或"3",在有些国家表示金钱、没问题、什么也干不了、什么也没有、不成功;还表示征求对方意见或回答对方征求意见的回话、表示同意、了不起、顺利,一般相当于英语中的"OK",表示正在顺利进行,但是也有些国家表示对女性的引诱或对男性的侮辱。

图5-19所示为列车员练习手语,图5-20所示为客运员练习手语。

图5-19　列车员练习手语

图5-20　客运员练习手语

三、铁路客运服务常用手语

表5-8为客运服务常用词语手语。

客运服务常用词语手语　　　　　　　　　表5-8

词语	手势方式	注意事项
旅客		①一手伸拇指、小指转动一圈;②双手掌心向上,同时向一侧移动一下
火		双手五指微曲,指尖向上,交替上下动几下,如火苗跳动

续上表

词语	手势方式	注意事项
火车		左手食、中指伸直平放,象征铁轨;右手食、中指弯曲如沟,指尖抵在左手食、中指上,并向前移动,象征火车在轨道上行驶
车站	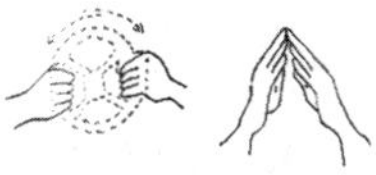	①双手虚握,如握方向盘,左右转动,模仿操纵方向盘动作;②双手搭成"︿"形,表示房子
你		一手食指指向对方
软		右手拇食指捏住左手食指,轻轻扳动几下,左手食指随指弯曲,显示出柔软状
硬		右手拇、食指捏住左手、食指尖扳动几下,左手食指仍挺直不动,表示坚硬
座位	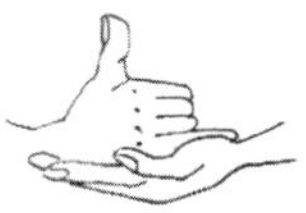	如左图所示
中间		①同中旬手势,左手拇、食指与右手食指搭成中字形;②同期间手势,左手直立,手背向外,五指张开,右手食指在左手指缝间指点几下
多少钱		①一手五指向上伸开,微微抖动几下;②一手拇、食指捏成小圆圈儿,微动几下,表示钱币
买		双手平伸,手心向上,一手在另一手掌心上拍打几下,然后向里表示买进东西
还	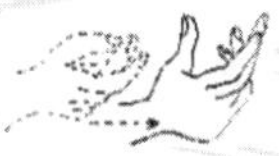	一手食指伸出,拇、中指先相捏,然后向一侧挥动时张开
是		一手食、中指相搭并点动一下

续上表

词语	手势方式	注意事项
票		两手拇指、食指张开、虎口相对,像车票大小,同时向两边移动
排队		两手五指伸直,指尖向上,前后排列
要		一手平伸,掌心向上,由外向里微微拉动

实训任务单

任务名称	接待听障人士旅行团（建议根据总学时设计完成时间）
课程思政目标	1. 树立正确的人生观，立志高远，从为旅客服务做起，争当先锋模范； 2. 形成团结协作的工作意识和行为习惯； 3. 了解重点旅客服务的意义。
知识目标	1. 熟悉客运岗位间协作的重要性和关键内容； 2. 掌握旅客运输服务中常用手语方法。
技能目标	1. 能做到团结协作的基本要求； 2. 能进行模拟环境下的手语沟通工作。
学习任务实施	过程设计
 学习途径载体 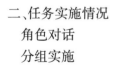 一、引领 　团结协作保生产 　遵章守纪是关键 二、任务实施情况 　角色对话 　分组实施 	 我们身边的榜样——穿上了红马甲的同学，你还记得吗？ 　过去是他们　未来是你们 　　车站、列车，客运一线的窗口岗位一路过来，不畏难，不惧险。车站把好进出站关，列车做好运输服务关。为保障打赢疫情阻击战，铁路人响应国家号召，在国家遭遇艰难时，铁路人是坚实的后盾，充当着抗疫征程上强而有力的马达。疫情下，没有懦夫。疫情下，铁路人如钢铁般坚强。上下同欲者胜，铁路人在抗疫路上呈现出最美的风景。 　　简述客运岗位间联劳协作的重要性和关键内容。 　　接待的基本程序和要求，符合旅客运输组织的基本要求和车站实际（设计不少于3项的交流过程），举例如下： 　　（1）首问接待问候（服务项目、角色分工、沟通内容）。

续上表

学习任务实施	过程设计
小组讨论	(2)明确服务内容(服务项目、角色分工、沟通内容)。 (3)开展服务(服务项目、角色分工、沟通内容)。 地点导引 饮食导引 其他 创新发挥
完成情况评价	
学习反馈	结合教与学两方面,谈谈自己的收获和建议。

模块小结

本模块主要介绍重点旅客服务的意义和特点、重点旅客的服务礼仪内容和服务礼仪注意事项,重点旅客的服务设施、备品及相应的使用方法;手语服务的意义及客运服务中的主要手语方法。要求学生和客运职工能够展示出一切以旅客为中心的服务意识,明确重点旅客的服务礼仪程序和标准,会使用旅客服务设施、备品,利用12306、微信、网站等途径,通过预约、手语服务等方法,完成对重点旅客的服务,不断提升铁路客运服务质量,并能够对重点旅客服务工作提出建设性意见或者建议。

思考与练习

一、填空题

1. 重点旅客是指_____、_____、_____、_____、_____旅客。
2. 特殊重点旅客是指_____才能行动的_____的重点旅客。
3. 重点旅客预约的方式有:_____、_____、_____。
4. 手势语亦称"_____""_____",其是以手的_____和_____表达思想,进行交流的手段。
5. 手势语大多是用手势比画动作,通过_____或者_____来表示一定的意思。

二、简答题

1. 重点旅客服务礼仪的意义是什么?
2. 12306预约服务的流程是什么?
3. 微信公众号预约重点旅客服务的流程是什么?
4. 重点旅客登记簿包括哪些内容?如何填写?

三、训练

1. 训练手语阿拉伯数字1~10、20、30、40、50的打法。
2. 训练手语车次G320、T156、D175的打法。
3. 训练座位、铺位等级、问候、指向等常用手语打法。
4. 训练使用车站和列车中的轮椅、担架等。
5. 训练购票、座位导引、预约等服务礼仪。
6. 手语训练,如图5-21~图5-27所示。

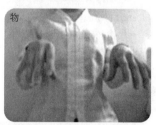

图5-21 贵重物品

图 5-22　行李寄存牌

图 5-23　无人认领行李

图 5-24　随身携带的

图 5-25　行李托运处

图 5-26　免费托运行李

图 5-27　三类包裹

模块 6 突发事件应急处理

单元 6.1　突发事件概述
单元 6.2　突发事件处理组织体系和职责
单元 6.3　旅客列车突发事件应急作业

【模块导读】

　　人们在旅行过程中受天气、环境等因素的影响，不可避免地会发生一些突发事件，如旅客列车上突发疾病等，为保障旅客在运输途中的人身安全，顺利到达目的地，铁路运输部门根据《国家突发公共事件总体应急预案》《国家安全生产事故灾难应急预案》等，不断做好事故的防范与处置工作，保证及时、有序、高效、妥善地处置问题，最大限度地减少人员伤亡和财产损失，维护社会稳定，支持和保障经济发展，并且逐渐向标准化应急管理体系发展。本教材仅就较常见的突发疾病问题引导学生学习。

【建议课时】

　　6 课时

【课前导学】

单元 6.1 突发事件概述
单元 6.2 突发事件处理组织体系和职责
单元 6.3 旅客列车突发事件应急作业

单元6.1 突发事件概述

【知识目标】
1. 了解突发事件的含义；
2. 熟悉突发事件的分类；
3. 熟悉突发事件的处理原则。

【技能目标】
1. 能够掌握突发事件的含义；
2. 能够对现场突发事件进行分类定级；
3. 能够体现出较高的业务素质。

【素质目标】
1. 能树立崇高的职业理想，能向先进看齐、向榜样学习；
2. 培育敏锐、细致的行为习惯，提升应急工作能力和水平。

 思政园地 6-1

坚定理想信念　不负最美韶华

马忠岩，中国铁路广州局集团有限公司广州客运段乘务科助理工程师。2011年12月参加工作，2014年担任列车长，受聘专业技术岗位，聘任为乘务科助理工程师。参加工作十几年，她通过坚持不懈努力，先后荣获"全国五一巾帼标兵""全路技术能手""全路青年岗位能手""全路最美青工"等荣誉称号和"广东省五一劳动奖章""火车头奖章"，成为广州客运段青年队伍中的"青年英模"。

从一个初出茅庐的大学毕业生到能独当一面的列车长、乘务科规章专干，马忠岩认识到客运工作不仅是简单的事情重复做，更重要的是要把简单的事情坚持重复做好。客运工作不仅是简单地打扫卫生、整理车容、验票上车，更需要有良好的沟通能力和业务水平作为基础。她认真学习客运岗位的专业书籍，遇到一些冷僻知识弄不懂，她就查资料，请教老同志。在日常工作中，员工们都佩服地称她为"编外110"，也有同事叫她"度娘"，每次他们遇到规章制度方面的问题，总是第一时间向她求助，她都能流利、熟练地回答。（见图6-1）

她以对铁路事业的热爱和对业务学习的不懈追求克服了种种困难和压力，最终获得了2015年全路客运系统职业技能大赛列车值班员第一名、2015年集团客运系统职业技能竞赛列车长全能、实作第一名，2014年集团客运系统职业技能竞赛列车员全能、实作第一名，实现了从一名普通员工到青年岗位能手的飞跃。她在实现自己的梦想之后，毫不吝啬地分享自己的学习经验，成立车队学习兴趣小组，带领车队青年员工掀起一股学习业务热潮。在她的带领下，她所指导的京广车队多次在广州客运段职业技能竞赛团体、集团业务竞赛中获得好成绩。

工作以来，她知道每个工种都有独特的魅力，她也用她的热情和责任做好每个工种的工作；无论是哪个岗位，她都始终以"旅客是亲人，服务是饭碗，急旅客所急、想旅客所想"为己任。自2019年走上管理岗位以来，她组织编写修订列车员、列车长等24个工种岗位作业指导书、岗位作业手册，根据实际修订相关管理办法60多个，整理完善技术规章21个，并结合不同时期的运输要求下发乘务工作通知100余期，组织召开大型列车长交班会30期，分析学习各类投诉案例、事故案例25起，在上级的安全评估、对规对标等检查中获得了一致好评。

她的日记本上写着这样一句话："我们年轻人，不能把这份职业当作自己谋生的手段，更重要的是让它承载着人生价值和个人理想。"

（摘编自中国铁路广州局集团有限公司官方微信公众号"广州铁路"）

图6-1　马忠岩餐车工作图

单元基础知识

一、突发事件含义

突发事件，是指突然发生，造成或者可能造成严重社会危害，需要采取应急处置措施予以应对的自然灾害、事故灾难、公共卫生事件和社会安全事件。

1. 广义含义

广义上，突发事件可被理解为突然发生的事情：第一层含义是事件发生、发展的速度很快，出乎意料；第二层含义是事件难以应对，必须采取非常规方法来处理。

2. 狭义含义

狭义上,突发事件就是意外地突然发生的重大或敏感事件,简言之,就是天灾人祸。前者即自然灾害,后者如恐怖事件、社会冲突、丑闻(包括大量谣言)等,专家也称其为"危机"。

根据中国2007年11月1日起施行的《中华人民共和国突发事件应对法》的规定,突发事件是指突然发生,造成或者可能造成严重社会危害,需要采取应急处置措施予以应对的自然灾害、事故灾难、公共卫生事件和社会安全事件。

轨道交通的突发事件是指发生在轨道交通运营范围内,自然灾害、事故灾难、公共卫生事件等造成的运营中断、人员伤亡、财产损失、秩序失控等事件。

二、突发事件的分类及分级

(1)突发事件按照性质可分为自然灾害、事故灾难、公共卫生事件、社会安全事件等四类。

①自然灾害,主要指强降水、地震、强台风、海啸等不可抗拒的力量造成的灾害。

②事故灾难,主要包括火灾、爆炸、列车脱轨、列车冲突、严重水浸、大面积停电等造成的轨道交通构筑物坍塌等。

③公共卫生事件,主要是指恶性传染病疫情、食品安全、职业危害等事件。

④社会安全事件,突发的大客流、重大刑事案件、有毒化学品泄漏、放射性物质扩散等。

(2)参考《中华人民共和国突发事件应对法》的规定,突发事件一般依据突发事件可能造成的危害程度、波及范围、影响力大小、人员及财产损失等情况,由高到低划分为特别重大(Ⅰ级)、重大(Ⅱ级)、较大(Ⅲ级)、一般(Ⅳ级)四个级别,并依次采用红色、橙色、黄色、蓝色来表示。轨道交通突发事件原因复杂,对运营安全和运营秩序都会造成较大影响,已经或可能造成重大人员伤亡、财产损失等严重后果的,需要联合轨道交通运营企业的相关主管部门进行相关专业应急机构业务指导或是支援处理。

Ⅰ级铁路突发事件对铁路运输安全、人员生命财产及社会秩序造成特别重大损害,省政府或铁道部上报国务院,由国务院组织实施应急处置。

Ⅱ级铁路突发事件对铁路运输安全、人员生命财产及社会秩序造成重大损害,由省政府联合铁道部实施应急处置。

Ⅲ级铁路突发事件对铁路运输安全、人员生命财产及社会秩序影响相对比较严重。一般情况下由事发地市县级政府以及铁路运输企业处置。

Ⅳ级铁路突发事件对铁路运输安全、人员生命财产及社会秩序影响不够严重。一般情况下由铁路运输企业实施应急处置。

①参考《铁路交通事故应急救援和调查处理条例》(国务院令第501号)和《国家处置铁路行车事故应急预案》定义铁路突发事件等级划分的标准,有下列情形之一的,为特别重大(Ⅰ级)铁路突发事件:

a.造成30人以上死亡(含失踪),或危及30人以上生命安全;

b.已经或即将导致100人以上重伤(中毒);

c.造成直接经济损失1亿元以上;

d.铁路沿线群众需要紧急转移10万人以上;

e.铁路繁忙干线遭受破坏,造成行车中断,经抢修无法恢复通车达48h以上;

f.国务院确定为特别重大(Ⅰ级)的其他铁路突发事件。

②有下列情形之一的,为重大(Ⅱ级)铁路突发事件:

a.造成10人以上、30人以下死亡(含失踪),或危及10人以上、30人以下生命安全;

b.已经或即将导致50人以上、100人以下重伤(中毒);

c.直接经济损失5000万元以上、1亿元以下;

d.铁路沿线群众需要紧急转移5万人以上、10万人以下;

e.铁路繁忙干线遭受破坏,造成行车中断,经抢修无法恢复通车达24h以上、48h以下;

f.省政府确定为重大(Ⅱ级)的其他铁路突发事件。

③有下列情形之一的,为较大(Ⅲ级)铁路突发事件:

a.造成3人以上10人以下死亡(含失踪),或危及3人以上10人以下生命安全;已经或即将导致30人以上、50人以下重伤(中毒);

b.直接经济损失1000万元以上、5000万元以下;

c.铁路沿线群众需要紧急转移5万人以下;

d.铁路繁忙干线运输设备遭受破坏,中断行车,经抢修无法恢复通车达6h以上、24h以下。

④有下列情形之一的,为一般(Ⅳ级)铁路突发事件:

a.造成3人以下死亡(含失踪),或危及3人以下生命安全;

b. 导致或即将导致 10 人以下重伤(中毒);

c. 直接经济损失 1000 万元以下;

d. 铁路繁忙干线运输设备损坏,中断行车,经抢修无法恢复通车 6h 以下。

三、突发事件的处理原则

对于突发事件,在处理时应牢固遵循安全第一、预防为主的思想,坚持以人为本原则,处置突发事件时贯彻"高度集中、统一指挥、逐级负责、先通后复"原则,措施果断、有序、可控、快速,减少事故的影响,尽快恢复轨道交通运营企业的运营生产工作。

1. 安全第一、预防为主

作为应对突发事件工作的主要任务和核心环节,需建立一套综合完善的信息支持体系,强化检查监督,开展宣传教育,预防和减少突发事件的发生。

2. 以人为本

在进行突发事件处理时应坚持"先救人、后救物;先总体,后局部"的原则,优先组织人员疏散,伤员救治,与此同时,重点兼顾保护好重要设备设施,将损失降低到最低。通过采取及时有效的措施,建立健全突发事件的有效机制,最大限度地将事件造成的人员、财产等损失降到最低。

3. 迅速反应

建立一套"高度集中、统一指挥、逐级负责"的应急指挥体系,建立统一管理、设备精良、技术娴熟、反应迅速的专业队伍,保证对突发事件做到"早发现、早报告、早控制"。

4. 先通后复

发生突发事件之后,轨道交通运营企业应该启动有效的前期处置预案,配合其他部门尽快恢复运营。

单元6.2 突发事件处理组织体系和职责

- 单元6.1 突发事件概述
- 单元6.2 突发事件处理组织体系和职责
- 单元6.3 旅客列车突发事件应急作业

【知识目标】
1. 熟悉突发事件处理体系的组成；
2. 了解突发事件的危险源及预警级别；
3. 掌握突发事件的信息通报处理；
4. 熟悉突发事件后期处理；
5. 了解突发事件的宣传培训和演练。

【技能目标】
1. 会根据现场情况通报突发事件处理程序；
2. 会对发生的突发事件做善后处理程序；
3. 会对可能的突发事件进行宣传和演练。

【素质目标】
1. 培育爱岗敬业、遵章守纪的行为习惯；
2. 能做到有组织、懂纪律，依法依规开展工作。

思政园地6-2

此木为柴　誓燃烧以尽使命
宝于韶华　奉青春方至卓越

柴宇，男，中共党员，2013年毕业后到北京站工作。入职以来始终高标定位、严格要求，坚持立足岗位勤恳工作、学技练功提升本领、无私奉献服务旅客，迅速成长为一名旅客服务标兵、技术业务骨干、爱岗敬业模范。先后取得了站技术比武第一名、路局客运系统技术比武第四名、全路客运系统职业技能大赛客运值班员组第四名的优异成绩，荣获"全路青年岗位技术能手"称号，被授予"火车头奖章"；2016年荣获"全路优秀共青团员"称号；2017年荣获"集团公司优秀通讯员"称号，是青年职工中的佼佼者。

2018年春运，当值的柴宇看到一对年迈的夫妇用担架车推着一位包裹着厚重大衣的病人，急得满头大汗。询问得知他们带着高位截瘫的儿子刚刚出院，要赶回老家。此时，距开车时间只剩二十几分钟。眼见开车时间临近，他当即决定背旅客上车。为了行动方便，他不顾严寒和泱背的汗水，脱下大衣把病人稳稳地扶到背上，一边喊着"麻烦借光"，一边小心翼翼地将旅客送到铺位。发车铃响了……他永远忘不了病人眼中感激的泪光，永远忘不了病人家属追到车厢门口向他鞠出的深深一躬。

为了更好地运用业务知识解决旅客乘车时遇到的难题，他苦学业务知识，勤练技能本领。业余时，他背规、画图、做题，比上班还忙。4开纸大的全国铁路客运运价里程接算站示意图，有560个站名，219条线名，要用蓝红圈、红线、虚实线分别表示出不同的含义，他60min之内就能画完，站、线、颜色分毫不错，就像是从印刷品上拓下来的一样……此外，他虚心向经验丰富的师傅请教现场作业和旅客服务经验，不断完善自己的服务技巧和突发情况处置能力，成为同事眼中"问不倒、难不住"的达人，在他的带动下，车站青年职工都掀起了一股"学规、用规"的热潮。（见图6-2）

图6-2　柴宇组织业务学习

以站为家，柴宇曾连续40天吃住在单位，虽然妻子和他同在车站工作，但夫妻俩三四天才能见上一面，妻子送来换洗衣服时两人才互道一声安好。他们的事迹也在北京电视台《党建进行时》节目中播出，面对褒奖，他只是回复："感谢大家关注，我俩只是广大铁路职工的缩影，愿大家幸福安康！"

柴宇工作以来，回家的次数屈指可数，父母实在想儿子了，不得已赶了一回"反向团圆"的时髦。当他回到家看到准备好了饭菜一直等着他而不肯动筷的父母，自称"东北硬汉"的他眼眶不由得湿润了……柴宇接到过不计其数的表扬感谢，获得了诸多的荣誉，不仅树立了首都车站客运工作人员的良好形象，更展现出了新时代铁路团员青年良好的精神风貌，成为铁路青年们的楷模。

一、组织体系

(一) 领导机构

参照《国家安全生产事故灾难应急预案》的有关要求,国铁集团对铁路突发事件的决策和议事机构,下设分公司担当各次旅客列车的应急处理。

(二) 办事机构

由铁路各个集团公司负责铁路应急信息收集、上传、协同和传播,对应急信息进行综合、调查、分析、评定。

(三) 指挥机构

国铁集团设立突发事件应急联动指挥中心。当铁路突发事件发生时,按照国铁集团突发事件应急委员会的指令,对全路突发事件应急处置工作进行组织整合、资源整合、行动整合、技术整合,统一指挥有关部门及单位开展铁路突发事件的应急处置工作。设立铁路突发事件应急现场专项指挥部,负责铁路突发事件应急处置的具体指挥协调工作。

(四) 工作机构

(1) 参与铁路突发事件应急处置的部门或单位包括各个铁路局集团公司、公安厅、安全监管局、卫生厅、交通运输厅、通信管理局、各省市应急办、红十字会、政府新闻办、财政厅等。

(2) 当铁路突发事件涉及外国人或我国港澳台同胞时,由具体省市外宣办、外事侨务办、台办参与应急处置;涉及旅游团体时,由旅游委参与应急处置;涉及学生团体时,具体省市教育厅参与应急处置;当发生自然灾害类铁路突发事件或应急救援涉及气候条件时,由当地气象局、地震局或地质局参与应急处置。

(3) 根据铁路突发事件应急处置工作需要,中国人民解放军有关单位按照有关法律、行政法规的规定,参加或配合铁路突发事件的应急处置和救援工作。

(4) 事发地市、县政府的应急机构和相关单位,由国铁集团突发事件应急联动指挥中心统一指挥,参与铁路突发事件的应急处置工作。

(五)现场专项指挥部

(1)设立铁路突发事件应急现场专项指挥部,接受省突发事件应急联动指挥中心统一指挥,负责铁路突发事件现场应急处置工作的指挥与协调。

(2)铁路突发事件应急现场专项指挥部的组成人员由省突发事件应急委员会根据应急处置工作要求确定。

二、监测与预警

(一)危险源分析

危险源的有效辨识是控制和降低危险发生的有效手段之一。危险源是指可能导致死亡、伤害、职业病、财产损失、工作环境破坏或这些情况组合的根源或状态,定义为可能导致人身伤害和(或)健康损害的根源、状态或行为,或其组合。危险源由三个要素构成:潜在危险性、存在条件和触发因素。我们识别危险源的实质就是找出人的不安全行为、物的不安全状态、环境中的不安全因素及管理上的缺陷。

(二)预警级别

(1)参照《中华人民共和国突发事件应对法》,根据可能发生或即将发生的铁路突发事件的严重性和紧急程度,将铁路突发事件预警级别分为一级、二级、三级和四级,分别用红色、橙色、黄色和蓝色标示。

(2)一级、二级、三级和四级铁路突发事件预警级别的划分标准分别对应Ⅰ级(特别重大)、Ⅱ级(重大)、Ⅲ级(较大)和Ⅳ级(一般)的铁路突发事件划分标准。

三、突发事件的信息通报

在车站或是运营线路上发生突发事件后的请示报告工作,重点是降低各类损失、减小事故的影响、缩短相应救援时间,需要各部门协同配合完成。

(一)信息报告的原则

(1)迅速准确、简单明了、逐级上报的原则。
(2)公司内部及协作单位并举的原则。
(3)应急指挥中心负责信息的收集和传递。

(4)发生人员伤亡、火灾、爆炸等事故,需要报告119火警、120急救中心或铁路公安局,由现场负责人或是目击者在第一时间内报告;如无法直接报告,则应以尽快报告的原则,向就近的车站或上一级报告,再报119火警、120急救中心或铁路公安局。

(二)报告事项

(1)发生时间(年、月、日、时、分)。
(2)发生地点(区间、百米标、上、下行)。
(3)列车车次、车组号、关系人员姓名、职务。
(4)事故概况及原因。
(5)人员伤亡情况及车辆、线路等设备损坏情况。
(6)是否需要救援。
(7)是否影响邻线行车。
(8)其他必须说明的内容及要求。

(三)应急结束

(1)突发事件应急联动指挥中心或者现场指挥部确认铁路突发事件对人员的危害性已经消除、伤亡人员已经得到救护和安置、设备故障已经排除、相关危险因素已经消除、铁路恢复正常运营秩序后,向批准预案启动的突发事件应急委员会提出结束应急的报告,突发事件应急委员会在综合各方面意见后,宣布铁路突发事件应急结束。

(2)应急结束后,事发地政府或省有关主管部门、铁路运输企业应当在两周内向突发事件应急委员会提交铁路突发事件处置情况专题报告,报告内容包括事件发生概况、人员伤亡或财产损失情况、事件处置情况、引发事件的原因初步分析、善后处理情况及拟采取的防范措施等。

四、后期处置

(一)善后处理

做好铁路突发事件善后处置工作。对铁路突发事件现场进行清理,包括旅客及相关人群遗失物品的收集整理、现场遗留废物、污染物清理及处置等。事发地政府及时组织医疗机构对伤亡人员进行妥善处置和医疗救治。事发地政府协助铁路运输企业按照法律法规规定,及时对受害旅客、货主、群众及其家属进行安抚、补偿或赔偿。事发地政府、铁路运输企业及时通知保险机构开展对应急处置人员和受灾人员保险的受理、赔付工作。铁路运输企业对涉及保价运输的物品损失,按国家铁路运输有关保价规定理赔。

(二)调查与评估

(1)发生铁路运营突发事件时,参照《铁路交通事故应急救援和调查处理条例》(国务院令第501号),由国务院铁路主管部门组织进行事故调查;发生铁路建设期间突发事件时,由省政府组织进行事故调查。事故调查组应当及时、准确查清事故性质、原因和责任,总结教训并提出防范和改进措施和建议。

(2)参与铁路突发事件应急处置的其他各有关部门及单位负责对本部门应急处置情况的总结和评估,并上报上一级。

(3)铁路突发事件属于责任事故的,应当对负有责任的单位或者个人提出处理意见;构成犯罪的,移交司法机关,依法追究刑事责任。

五、宣传、培训和演练

(一)宣传与培训

(1)铁路运输企业应加强内部员工的教育培训,组织编写教育培训材料和通俗读本,不断增强员工预防和处置铁路突发事故的能力。在车站内、列车上设置铁路突发事件应急宣传标识,印刷宣传折页、招贴画等宣传品,方便旅客及相关人群认知与识别。广泛传播铁路突发事件应急救援常识与应急管理知识,增强铁路职工与旅客的安全意识和自救能力。

(2)在公众宣传教育方面,广播、电视、报刊等新闻媒体要在全社会范围内广泛宣传各类铁路突发事件带来的危害和妥善处置、应对铁路突发事件的重要性以及发生铁路突发事件时紧急应对的有关常识。

(3)铁路运输企业分层次开展铁路突发事件应急管理培训工作,把铁路应急管理知识纳入各级干部的岗位培训内容。举办铁路应急管理工作人员培训班,做好应急管理、应急救援专业队伍的培训,提高管理水平和实战能力,同时对全体铁路职工进行针对性培训,提高岗位应急处置能力。

（4）公众教育。铁路沿线各级政府部门应当组织开展铁路突发事件应急常识的宣传普及和教育，使公众了解掌握铁路突发事件应对基本常识与技能。

(二) 应急演练

（1）参照《国家突发公共事件总体应急预案》的要求，所有担负铁路突发事件应急救援任务的部门、单位，每年要针对各自的救援任务组织实战或模拟演练一次。需要公众参与的，须报请突发公共事件应急委员会批准。演练方案和演练场所要保证安全、合理。

（2）铁路运输企业要加强对应急处置单位、人员的培训和训练，每年定期开展内部应急演练，提高相关人员和单位铁路突发事件应急处置实战能力。

单元 6.1 突发事件概述
单元 6.2 突发事件处理组织体系和职责
单元 6.3 旅客列车突发事件应急作业

单元6.3 旅客列车突发事件应急作业

【知识目标】
1. 熟悉旅客列车旅客伤害或疾病应急作业处理程序；
2. 熟悉旅客发生重大疾病处理程序；
3. 熟悉旅客列车发生闷车应急作业处理程序；
4. 具有一定的医疗常识，能按要求完成相应工作。

【技能目标】
1. 掌握旅客列车旅客伤害或疾病应急处理程序；
2. 掌握旅客发生重大疾病处理程序；
3. 掌握旅客列车发生闷车应急处理程序。

【素质目标】
培养以旅客为中心，全心全意为旅客服务的意识。

单元基础知识

一、列车旅客伤害或疾病应急作业

(一)适用范围

规定了列车发生旅客伤害或疾病时的作业程序、内容及要求，适用于集团公司担当的各次旅客列车。

(二)引用规范性文件

《铁路技术管理规程》《铁路行车组织规则》《铁路旅客运输规程》《铁路旅客运输办理细则》《铁路旅客运输管理规则》《铁路旅客人身伤害及自带行李损失事故处理办法》等。

(三)作业目的

迅速有效处置列车旅客伤害或疾病，及时救治伤病旅客，确保旅客安全。

(四)作业程序(流程图)

列车旅客伤害或疾病应急作业处理流程如图6-3所示。

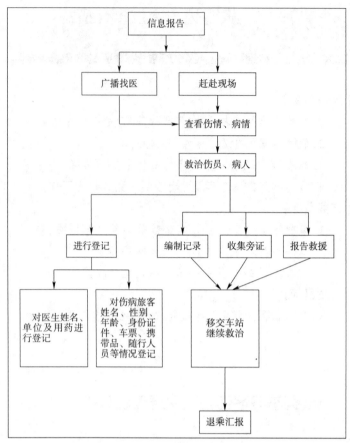

图 6-3 列车旅客伤害或疾病应急作业处理流程

(五)作业程序、内容和要求

根据以上处理流程细化作业过程,现将各个程序中的作业内容和要求绘制成表 6-1。

列车旅客伤害或疾病应急作业程序、内容和要求　　　　　表 6-1

程序	内容	要求
信息报告	列车工作人员发现旅客发生意外伤害或疾病时,迅速报告列车长,安抚伤病患者及同行人情绪。报告时可采用电话、对讲机报告或沿车厢传递的方法	报告及时,安抚到位
赶赴现场	列车长接到报告后,会同乘警迅速赶到现场了解情况,查看伤情、病情,并通知广播员广播找医护人员	到达现场迅速,广播找医及时
迅速救治	(1)列车长和列车红十字救护人员配合医务身旁旅客进行简易救治。 (2)遇旅客伤情、病情危及生命,立即向客运段值班室、集团调或列车所在局客调报告,请求途中前方三等或县市级车站临时停车,由前方临时靠站所在地急救中心援助救治	(1)救治时,可视伤病患者情况将患者移至卧车或车长座椅处,必要时可疏散周围旅客,以便提供良好的救治环境。 (2)列车长报告时,讲清日期、车次、时间、地点、列车运行区间、旅客伤病情况、受伤旅客人数,接受上级指示或请求救援

续上表

程序	内容	要求
进行登记	(1)对参与救治的医生姓名、性别、年龄、单位、有效证件及用药情况进行登记。 (2)在救治的同时,对伤病患者的姓名、性别、年龄、住址、有效证件、车票、携带物品及同行人等情况进行登记	登记详细,用药及诊断书有救治医生签名
收集旁证	(1)列车长会同乘警向患者、同行人、责任人和见证人了解发生伤病的过程、原因等情况,收集书面旁证材料。 (2)遇患者昏迷、休克且无同行人时,由乘警负责检查患者随身物品,查找有效证件,确认患者身份	(1)旁证材料收集不少于两份,采用专用纸张复写(一式三份,一份交受理站,一份回乘交客运段业务科室,一份交车队留存)。 (2)旁证材料证人信息完整(姓名、性别、年龄、住址、身份证号码、车票信息、联系电话),证言真实有效,有证人签名。列车工作人员和铁路职工不得充当证人。 (3)见证人不配合时,由乘警采用问话笔录形式取证
移交伤病患者	(1)编制客运记录在三等或县市以上车站向站方移交伤病患者、同行人、责任人、携带物品和旁证材料。必要时拍发列车电报。 (2)因刑事案件造成旅客伤害时,列车乘警在客运记录上签字。 (3)特殊情况来不及编制收集旁证材料时,材料后补	(1)电报拍发、客运记录编制真实、准确。 (2)旁证材料齐全,特殊情况补送材料时,三日内送交受理站
退乘汇报	退乘后,列车长将旁证材料、客运记录、处置经过书面材料交客运段业务科室和车队	汇报及时,材料完整

(六)重点控制事项

(1)列车长、乘警到达现场和广播找医及时,抢救伤病患者积极,安抚工作到位。

(2)登记医生、患者、证人身份信息完整,收集旁证真实有效。

(3)到站交接认真,伤病患者移交及时,客运记录签字确认,材料齐全。

(七)记录

(1)铁路电报。

(2)客运记录。

(3)旁证材料。

二、列车重大疫情应急作业

(一)适用范围

本作业规定了列车重大疫情作业程序、项目、内容及要求,适用于集团公司担当的各次旅客列车。

(二)引用规范性文件

《中华人民共和国传染病防治法》《国家突发公共事件总体应急预案》《铁路突发公共卫生事件应急处理办法》《某集团公司突发公共事件应急处理预案》《某集团公司突发公共事件应急处理办法实施细则》等。

(三)作业目的

迅速、妥善处理旅客列车发生的重大疫情,最大限度地减少旅客伤亡,防止传染的扩散。

(四)作业程序(流程图)

列车重大疫情应急作业处理流程如图6-4所示。

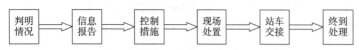

图6-4 列车重大疫情应急作业处理流程

(五)作业程序、内容和要求

根据具体情况,我们需要采取不同的处理措施,具体处理程序、内容和要求见表6-2。

列车重大疫情应急作业程序、内容和要求　　　　表6-2

程序	内容	要求
判明情况	(1)列车工作人员发现传染性疾病或染疫患者时,立即通知列车长和乘警长到现场处理。 (2)列车长指示广播员通过列车广播在旅客中寻找医生,进行初步诊断,判明情况	了解情况要及时、全面、准确
信息报告	(1)列车长应立即向集团公司客调或列车所在局客调、段值班室、前方站报告。 (2)段值班室按照规定立即向集团公司应急办报告	报告内容包括日期、车次、时间、运行地点以及患者主要症状、所在车厢号、旅行目的站和密切接触人员简况等情况

续上表

程序	内容	要求
控制措施	(1)列车长利用软席包房或乘务室,将病人或疑似病人隔离,同时控制病人原所在车厢旅客的流动,设专用洗手间。 (2)对密切接触者进行登记(内容包括姓名、性别、年龄、身份证号码、联系方式等)。 (3)检车乘务员对列车通风情况进行检查,根据疫情关闭中央空调,保持车内通风	对病人所在硬座、硬卧车厢的旅客,软卧同包厢的旅客,同行人员以及有关乘务人员应确定为密切接触者
现场处置	(1)对患者进行初步救治,使用列车红十字药箱内的药品进行对症治疗。 (2)处理疑似染疫传染病人时,应急人员应做好安全防护措施(穿着隔离服、戴口罩、手套、防护眼镜,穿防护靴,并扎紧袖领)。对患者的呕吐物、排泄物装袋封存,做好消毒工作。 (3)发现疑似染疫动物时,病禽、畜和死禽、畜不得扔下车,禽、畜及粪便到站后装袋密封。配合防疫部门做好消毒工作。 (4)列车长要按照上级指示,对病、死的牲畜及其粪便、疑似的染疫患者、严重呼吸道传染性疾病患者、密切接触者、呕吐物、排泄物交指定车站	(1)对疑似染疫患者、严重呼吸道传染性疾病患者、密切接触者,要详细记录姓名、性别、年龄、职业、住址、单位、身份证号码、联系方式,所持车票发到站及票号、座位号,所在车厢位置等情况。 (2)运输途中不得冲洗和向车外抛撒禽、畜粪便
站车交接	(1)列车长与前方处理站办理患者或病、死的牲畜及其粪便的交接手续,由车站安排患者到指定医院诊治。 (2)列车上收集的患者呕吐物、排泄物或病、死的牲畜及其粪便交由铁路疾控中心,按规定进行处理	随身物品、资料和收集物品记录齐全、准确,交接清楚
终到处理	(1)列车到达目的地后,配合所在地铁路疾控中心对列车进行消毒。 (2)对密切接触病人的乘务人员,按照卫生防疫部门的安排进行医学观察	消毒及时,处理妥当

(六)重点控制事项

(1)发现疑似染疫传染病人时,要注意隔离,防止传染扩散,同时要注意个人的保护。

(2)做好旅客解释安抚工作,稳定旅客情绪,防止事态扩大。

(七)记录

(1)铁路传真电报。

(2)客运记录。

(3)旅客用药登记。

三、旅客列车闷车应急作业

(一)适用范围

本作业规定了旅客列车发生闷车应急处置时的作业程序、项目、内容及要求,适用于集团公司担当的旅客列车。

(二)引用规范性文件

《国家突发公共事件总体应急预案》《铁路旅客运输规程》《铁路旅客运输办理细则》《铁路旅客运输管理规则》《某集团公司直供电旅客列车供电故障应急处置暂行办法》《某集团公司高速铁路客运组织应急处置预案》等。

(三)作业目的

迅速、妥善处置旅客列车闷车事件,保持车厢空气流通,确保车厢秩序和旅客安全。

(四)应急处置程序(流程图)

将应急处置程序分为动车组和非动车组闷车应急处理,处理流程如图6-5、图6-6所示。

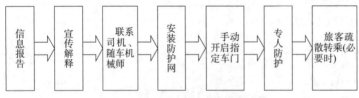

图6-5 动车组列车闷车应急处置流程

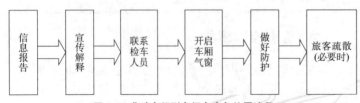

图6-6 非动车组列车闷车应急处置流程

(五)应急处置内容和要求

动车组列车和非动车组列车闷车应急处置分别见表6-3和表6-4。

动车组列车闷车应急处置   表6-3

程序	内容	要求
信息报告	乘务员将车厢闷车情况及时向列车长汇报,列车长及时向段值班室、车队汇报,段值班室及时向集团公司客服调度汇报	汇报内容准确,包括车内人数、闷车程度、旅客反映、车内用水等情况
宣传解释	列车长做好广播宣传及致歉,其他客运、餐饮、保洁人员负责在车厢做好宣传解释工作,稳定旅客情绪。 列车乘务人员加强车内巡视,对重点旅客进行重点照顾	广播及时,宣传到位
联系司机、随车机械师	确认故障长时间不能修复时,列车长及时通过对讲机与司机、随车机械师联系,确定开门位置,对其他列车乘务人员进行分工	分工职责明确
安装防护网	随车机械师取出防护网后,列车乘务人员根据分工领取并到指定车厢安装防护网,列车长逐个进行复检	防护网存放位置:CRH1型在5号车工具柜、CRH3型在4号车备品柜、CRH2型在3号车备品柜;防护网安装牢固
手动开启指定边门	复检无误后,车厢乘务员手动开启1号、3号、5号、7号车门(重联时同时开启9号、11号、13号、15号车门)	开启无邻线侧的边门,保持车内空气流通
专人防护	其中,1号、7号车门分别由1名列车员和1名保洁员负责,3、5车分别由1名餐饮服务员和1名保洁员负责看守车门;重联车9号、15号车门分别由1名列车员和1名保洁员负责,11、13车分别由1名餐饮服务员和1名保洁员负责看守车门	车门防护到位,严禁旅客上下
旅客疏散转乘（必要时）	列车长组织乘务人员做好防护,组织旅客有序疏散到安全地带或转乘	确保旅客安全

非动车组列车闷车应急处置   表6-4

程序	内容	要求
信息报告	乘务员将车厢闷车情况及时向列车长汇报,列车长及时向段值班室、车队和集团公司客服调度或列车所在局客服调度汇报	汇报内容准确,包括车内人数、闷车程度、旅客反映、车内用水等情况
宣传解释	列车做好广播宣传及致歉,车厢工作人员做好本车厢的宣传解释工作,稳定旅客情绪。 列车乘务人员加强车内巡视,对重点旅客进行重点照顾	广播及时,宣传到位
联系检车人员	列车长及时联系检车人员,确认修复时间和设备状态	联系及时

续上表

程序	内容	要求
开启车厢气窗	确认长时间不能修复时,列车长通知乘务员开启各责任车厢的气窗进行通风	确保车厢有空气流通
做好防护	车厢乘务员不间断地进行车厢巡视,提醒旅客注意安全,防止旅客把头、手伸出窗外和往气窗外丢垃圾	不间断巡视,防护到位
旅客疏散(必要时)	列车长组织乘务员将旅客往空气流通较好的车厢疏散	确保旅客安全

(六)重点控制事项

(1)发生闷车时,及时采取通风措施,确保空气流通。

(2)做好重点旅客服务工作,对胸闷、呼吸困难等旅客尽快安排到空气流通、人员较少的地方,确保旅客生命安全。

(3)及时耐心做好宣传解释工作,尽最大可能降低旅客的不满情绪,防止旅客破坏设备设施,扰乱车内秩序,影响列车运行。

(4)遇空调故障无法修复时,列车长应及时拍发电报,通知相关车站做好退空调费准备工作。

(七)记录

(1)客运记录。
(2)铁路传真电报。
(3)乘务报告或乘务日志。

四、列车旅客食物中毒应急作业

(一)适用范围

本作业规定了列车发生旅客食物中毒应急处置时的作业程序、项目、内容及要求,适用于集团公司担当的旅客列车。

(二)引用规范性文件

《中华人民共和国食品安全法》《中华人民共和国传染病防治法》《国家突发公共事件总体应急预案》《铁路旅客运输规程》《铁路旅客运输办理细则》《铁路突发公共卫生事件应急处理办法》《某集团公司突发公共事件应急处理预案》

《某集团公司突发公共事件应急处理办法实施细则》等。

(三)作业目的

迅速、妥善处置旅客列车食物中毒事件,最大限度地减少旅客伤亡。

(四)作业程序(流程图)

列车旅客食物中毒应急作业处理流程如图 6-7 所示。

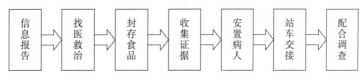

图 6-7　列车旅客食物中毒应急作业处理流程

(五)作业程序、内容和要求

列车旅客食物中毒应急作业程序、内容和要求见表 6-5。

列车旅客食物中毒应急作业程序、内容和要求 表 6-5

程序	内容	要求
信息报告	列车上发生食物中毒或疑似食物中毒后,列车长立即向段值班室、集团公司客调或列车所在局客调报告,段值班室按照规定立即向集团公司应急办报告	报告内容包括日期、车次、时间、运行区段、中毒人数、危重人数及死亡人数、患者车厢分布、主要中毒表现、可疑中毒食品及食用人数、准备采取的急救措施和现场控制措施等
找医救治	广播员(动车组为列车长)通过列车广播在旅客中寻找医生,列车红十字救护员对患者进行初步救治,使用列车红十字药箱内的非处方药品进行对症治疗	准确登记用药及医生的相关情况
封存食品	如中毒旅客食用过列车上提供的食品,列车长应立即停止食品经营活动,告知旅客不要食用可疑中毒食品。同时,指派餐饮人员封存所有可疑食品及其工具、设备,封闭现场	保护现场,留样齐全
收集证据	列车长安排专人负责收集患者呕吐物、排泄物、剩余食品,使用密闭清洁器具存放。列车长、乘警组织开展调查工作,询问中毒患者,了解中毒经过,收集旁证材料	标识清楚:患者姓名、采集时间、是否用药、存放地点、收集人姓名等
安置病人	列车长根据中毒病人人数、症状等具体情况合理安排隔离区域,将中毒及疑似病人集中管理,开窗通风,做好服务工作,稳定病人、旅客情绪	中毒病人与其他旅客隔离,以免引起群体性恐慌

续上表

程序	内容	要求
站车交接	列车长与前方处理站办理患者交接手续,由车站安排护送者到医院诊治。 列车上收集的患者呕吐物、排泄物及剩余食品交由铁路卫生防疫部门,按规定进行处理	随身物品、资料和收集物品记录齐全、准确,交接清楚
配合调查	对有投毒、破坏嫌疑的案件,移交铁路公安机关立案侦查	实事求是,认真配合调查取证

(六)重点控制事项

(1)处置过程中,不论导致食物中毒的责任在谁,首先要确保积极救治旅客,使中毒病人早隔离、早治疗。

(2)在无医生时,由列车红十字救护员采取催吐等抢救措施,对病人及同伴进行适当隔离,避免交叉感染,对病人使用过的洗手间,使用消毒水冲刷干净。

(3)在未查清中毒原因及毒源前,禁止向旅客供应列车食品、商品、饮用水。

(七)记录

(1)客运记录。
(2)铁路传真电报。
(3)旅客旁证材料。
(4)旅客用药登记。
(5)乘务报告或乘务日志。

五、列车严重晚点应急作业

(一)适用范围

本作业规定了列车严重晚点作业程序、项目、内容及要求,适用各次旅客列车。

(二)引用规范性文件

《中华人民共和国合同法》《中华人民共和国铁路法》《铁路运输安全保护条例》《铁路旅客运输规程》《铁路旅客运输办理细则》《旅客列车运行组织及晚点处置办法》《某集团公司旅客列车晚点客运系统应急处置办法(试行)》《某集团公司高铁突发大客流及动车组大面积晚点应急预案》等。

(三)作业目的

迅速、妥善处理晚点旅客列车的饮食供应及服务工作。维护车内秩序,确保旅客人身安全。

(四)作业程序(流程图)

列车严重晚点应急作业处理流程如图 6-8 所示。

图 6-8　列车严重晚点应急作业处理流程

(五)作业程序、内容和要求

列车严重晚点应急作业程序、内容和要求见表 6-6。

列车严重晚点应急作业程序、内容和要求　　　　表 6-6

程序	内容	要求
信息报送	(1)列车长要立即向所属客运段值班室和列车所在地铁路局客调报告。 (2)客运段值班室接到信息报告后,要在第一时间向段值班领导报告,同时向集团公司客调报告。 (3)动车组列车运行晚点超过 15min 时,列车长要及时与司机联系,了解晚点原因和列车运行情况,并向客运段值班室汇报情况,听取指示。 (4)需相关站段支援的还应与其联系,请求支援	报告的内容包括:晚点列车运行情况,车内旅客情况,餐料、燃料、水等方面存在的困难
宣传解释	(1)列车工作人员应坚守岗位,做好宣传解释工作。 (2)广播员应有针对性地加强广播宣传解释工作,稳定旅客情绪,防止意外发生。 (3)列车晚点超过 30min 的(动车组列车运行晚点超过 15min),列车长应代表铁路向旅客道歉。 (4)列车晚点停留超过 1h(动车组列车30min)以上的,列车应通过广播向旅客说明晚点原因及预计晚点时间,安抚旅客	(1)向旅客通报时,广播每次间隔不超过 30min(动车组列车每次间隔不超过 15min)。 (2)晚点原因应根据客调的口径统一宣传

续上表

程序	内容	要求
应急处置	(1)列车长立即召开"三乘会议",布置工作,分工负责。 (2)检查餐料、饮用水及发电车用油等存储情况,遇餐料、饮用水、油料不足,及时与有关站段、当地政府联系补料、补水、补油。遇特殊情况(停靠在人员稀少、山区或交通不便地点时),经上级批准,列车长组织"三乘"人员下车购料、取水。 (3)列车长及时了解旅客去向及行包装载情况,主动与车站取得联系,妥善处理旅客中转换车和行包转运工作。 (4)检车乘务员与列车长应密切配合,加强车厢巡视,确保设备使用正常。发电车遇油料不够时,确保照明,关闭空调。 (5)列车乘警及时掌握车厢内旅客动态,防范和控制旅客过激言行,保证列车治安秩序良好。 (6)当发现旅客有异常情况时,列车长立即报告上级有关部门,请求协助。 (7)客运乘务人员要加强车门、车窗管理及车内巡视,及时掌握车厢内旅客动态。防止旅客跳车,严禁边门上下旅客,确保旅客安全。 (8)终到后若有旅客强行滞留列车索赔,列车长应立即通知乘警和车站客运值班员,并积极协助处理	(1)列车长应每小时全列巡视一次;列车员应每半小时巡视一次车厢(动车组列车不间断巡视)。 (2)尽量满足旅客合理需求,注意节电、节油,确保列车供电(非空车防止锅炉、茶炉干烧)。 (3)如关闭空调时,需开启车厢气窗
服务工作	(1)列车工作人员要做好开水和饮食供应、卫生清扫、重点旅客照顾等服务工作,满足旅客的合理要求。 (2)列车工作人员要主动安抚旅客,化解旅客的不满情绪,取得旅客的谅解	(1)重点旅客做到"三知三有",重点照顾。 (2)供应饭菜、食品不得涨价。对老、幼、病、残、孕重点旅客优先提供饮食及饮用水供应

(六)重点控制事项

(1)列车要增备易于保质的干料、饮用水等应急物品,以满足列车应急需求。

(2)列车需补料时,列车长在客运段的指导下,加强与相关站段联系,做好食品、燃煤等物品的补给。

(3)发电车需补油时,列车长应督促车辆乘务长做好补油工作。

(4)加强车门管理及车内巡视,及时掌握车厢内旅客动态。防止旅客跳车,严禁边门上下旅客,确保旅客安全。

(七)记录

(1)铁路传真电报。

(2)客运记录。

实训任务单

任务名称	旅客列车突发事件应急处理实训
课程思政目标	1. 培养团队合作意识、爱岗敬业精神； 2. 提升服务意识，有效的沟通与处理能力。
知识目标	1. 掌握突发事件的含义、分类和分级； 2. 列车上旅客突发疾病等事件的处理程序和方法； 3. 掌握车站旅客突发疾病等事件的处理程序和方法。
技能目标	1. 更好地掌握本模块的理论知识； 2. 运用相关知识解决实际问题的能力； 3. 具备在遇到实际突发事件时的处理能力。
	过程设计
学习任务实施	一、应急处理训练 1. 情境设置 2. 实训项目（根据需要取舍） (1) 列车旅客伤害或疾病应急处理。 (2) 旅客列车发生重大疫情处理。 二、训练组织 将教学班级按人数划分为若干个小组，课前做好任务分配及各项准备工作。按照角色分工，分别展示各项操作程序。 (1) 分组进行训练，模拟不同场景下的突发事件。 (2) 分组根据掌握的理论知识对突发事件进行处理。 (3) 最后由每组给出总结报告。 (4) 通过场景模拟体会学会处理突发事件的必要性。 (5) 通过场景体验，掌握处理突发事件的方法。 根据实训要求，采取学生和师生共同评分的办法，根据每次实训的成绩积分得出最后成绩。该分数主要在综合实训结束时体现，记入最后学期考核。
完成情况评价	请完成考核评分表（表6-7）。 考核评分表　　　　　表6-7 | 考核项目	考核内容	分值	自评分	小组评分	实得分
---	---	---	---	---	---
团队合作	准备工作	10			
	情境设置效果	20			
	合作效果	10				

续上表

					续上表
完成情况评价	考核项目	考核内容	分值	自评分	小组评分	实得分
	实施效果	知识掌握	30			
		能力运用	30			
学习反馈	结合教与学两方向,谈谈自己的收获和建议。					

模块小结

本模块介绍突发事件的含义、突发事件的分类级别和处理原则,分析了突发事件的组织机构的职责,根据其职责重点分析了列车、车站上旅客突发事件的处理方法,并结合实际案例进行深度分析。

通过本模块的学习,广大铁路客运职工可以对突发事件有一定认识,针对列车、车站突发的情况,能够进行及时有效的处理,培养良好的职业素质和专业技术能力。

思考与练习

一、名词解释

1. 突发事件
2. 自然灾害
3. 事故灾难
4. 公共卫生事件

二、简答题

1. 突发事件组织体系包括哪些内容?
2. 突发事件怎样分类和分级?
3. 旅客在列车上发生伤害或疾病时应该怎么办?
4. 旅客在列车上发生重大疫情该怎么办?
5. 当车站发生大量旅客滞留、积压时,该采取什么方法处理?

附　件

附件一　药品使用登记表

药名	领用时间	使用原因	数量	领用人签名	保健员签名
去痛片	3月20日	××次列车3号车厢旅客头疼	2片	张三	

附件二　药品发放登记表

编号	药名	2020年数量	保健员签名	2021年数量	保健员签名	2022年数量	保健员签名

附件三　消防检查记录表

被检查部门			
检查时间		检查人	
检查内容	检查情况		处理结果
火灾隐患整、防范措施落实情况			
安全疏散通道、疏散指示标志、应急照明和安全出口			
消防车通道、消防水源			
灭火器材配置及有效情况			
用火用电有无违章			
重点工种人员、其他人员消防知识掌握情况			
消防安全重点部位管理情况			
易燃易爆危险物品场所防爆落实情况及其他重要物资防火安全情况			

附件四　乘务日志

沿途给水情况记录

给水站							
给水前数量							
给水后数量							
是否给水							

硬质物品回收登记

日期	车次	铺号	发站	到站	品名	数量	登记时间	回收时间

注：空调车硬质物品只有回收不登记，绿皮车 4 月 1 日至 10 月 31 日回收登记。

交接表

区间	交接内容	交班人	接班人

重点旅客登记表

车次：　　　车厢顺号：　　　车号　　　　年　　月　　日

铺号	发站	到站	性别	重点类别	服务措施

车厢设备设施故障登记簿

区间	检查人	设备设施故障问题

备注

附件五　班组乘务日志

车次	项目			
	运送旅客人数	运送行保件数	客票进款	餐饮进款

往返主要情况记事

附件六　各类广播记录格式

出站广播

×××次××××站

到点		开点		停分	
行走里程				运行时间	
作业内容					
作业标准					

到站广播

×××次××××　　站					
到点		开点		停分	
行走里程		运行时间			
作业内容					
作业标准					
换乘时刻					

列车上广播

　　　　　　　　　　　　本趟广播宣传中心
年　　　　月　　　　日　　　　次　　　　　广播员
宣传重点：
_____
_____
_____
_____

临时宣传内容：
_____
_____
_____
_____

新闻监听	
车长签字	

参 考 文 献

[1] 蒋海波,荆涛.城市轨道交通安全管理[M].北京:中央广播电视大学出版社,2012.
[2] 王艳辉,祝凌曦.城市轨道交通运营安全管理方法与技术[M].北京:北京交通大学出版社,2011.
[3] 张新宇.城市轨道交通设备管理[M].北京:人民交通出版社,2013.
[4] 董正秀.铁路运输服务礼仪[M].北京:中国铁道出版社,2007.
[5] 中国铁路总公司.铁路技术管理规程:高速铁路部分[M].北京:中国铁道出版社,2014.
[6] 中国国家铁路集团有限公司安全监督管理局.铁路运输安全[M].北京:中国铁道出版社,2022.
[7] 中华人民共和国交通运输部.铁路旅客运输规程[M].北京:中国铁道出版社,2022.